根本行雄

司法殺人

「波崎事件」と冤罪を生む構造

影書房

まえがき

最初に、「冤罪《えん》」とはなにかについて、説明しておきたいと思います。今では、「冤罪」の「えん」という漢字は当用漢字には含まれていませんので、読めない人や初めて見る人もいるかもしれませんから。私が敬愛している弁護士である後藤昌次郎さんがとても明解に説明されていますので、それを引用します。

「皆さんに『冤罪』（岩波新書）という私の本を読んでいただき、いろいろと感想を書いてくださって感謝しておりますが、一番感じていることは何であるかというと、一つは無実の人間を罪におとすということが、いかに恐ろしい犯罪であるかということですね。といいますのは、国家の任務は何であるかと言いますと、国民の幸福を守ることであります。国民を幸福にすることです。これが国家の任務である。そうでなかったら、国民はわざわざ税金を出したりする義務はないわけですね。国家がなぜ国民から税金を取り立て、いろいろな権力を握り、その権力を行使する権限があるかと言えば、それは国民の生命、自由、財産、幸福を追求する権利を守るからこそ、国家の存在理由というものがあるわけです。

ところが、冤罪というのは、国民の生命や財産や自由や幸福追求の権利を、それを守るべき国家が、無実の人間に犯人という汚名を着せて権力的に奪ってしまうことです。戦争とともに国家権力によるいちばんおそろしい犯罪、権力犯罪なのです。こういうことがあってはならない。ひとごとではないのです。何よりもまず正しい道理のとおる国にしなくてはなりません。人間の生命、自由、財産、幸福追求の権利が正しく守られる国にしなくてはなりません。」（後藤昌次郎著『野人弁護士がゆく』一二五～一二六頁）

「冤罪を生む構造」については、すでに、青木英五郎さん、後藤昌次郎さん、渡部保夫さんたちをはじめとする、多くの人々によって研究されており、その全貌はほぼ解明されています。

「冤罪を生む構造」とは、報道機関、警察、検察、裁判所、この四者のそれぞれが多くの問題点を抱えており、しかも、この四者が複雑に融合し癒着しているということです。この四者について、順次、その問題点と、冤罪を生み出しているメカニズムについて、波崎《はさき》事件を中心的に取り上げながら、明らかにしていきたいと思います。

読者の皆さんは、「波崎事件」をご存知ですか。この事件は、自白がなく、物証も、目撃証人もいないにもかかわらず、有罪となり、死刑の判決を受けたという点において、日本の冤罪の歴史のなかでは、とてもめずらしいものです。

毎日新聞（一九九二年七月二十七日夕刊）の連載記事、「この人と」において、団藤重光さん（元最高裁判事）が次のような発言をしておられます。

「誤審の問題は死刑廃止論者の間では言い古されたことで、私も法学者である以上、大学に在職中から、もちろん、このことは良く知っていました。しかし、正直言って頭でそう考えていただけだったのです。これでは駄目です。私は最高裁判所に入ってから、本当に身をもってそのことを痛感するようになったのです。

それはある毒殺事件でした。状況証拠だけで、被告人はずっと否認していたのですが、『合理的な疑い』を超えるだけの心証の取れる事件でした。刑事裁判の原則として『合理的疑い』を超える心証が取れる時は有罪ということになっているのですから、この事件も有罪のほかなく、しかももし本当だとすれば、情状の悪い事件でしたから原判決が言い渡した死刑判決を覆すことは出来ない事件でした。弁護人側の主張を読むと、原判決が果たして絶対に間違いのないものなのか、一抹の不安がないでもなかったのですが、それだけでは、現行法上、何とも仕方ないのです。それで上告棄却ということに。ところが、法廷で裁判長が上告棄却の宣告をして、我々が退廷しかけたときに、傍聴席から『人殺しっ』という罵声を浴びたのです。やはり本当は無実だったのかもしれない。私には一抹の不安があっただけに、この罵声は胸に突き刺さりました。私はこの瞬間に決定的な死刑廃止論者になったのです。」

団藤さんは、同じ趣旨のことを、自著『死刑廃止論』（有斐閣）の中でも、述べられています。ここで団藤さんが挙げておられる「ある毒殺事件」とは、波崎事件のことです。「人殺しっ」と叫んだ人物は、現在、「波崎事件対策連絡会議」の代表をされている篠原道夫さんです。

「本件は、捜査以来犯行を全面否認しているもので、同じく否認していた別件殺人未遂とともに昭和四十一年十二月二十四日、一審有罪となり、控訴審において右殺人未遂事件は無罪、本件のみ有罪で死刑の言い渡しがあったものである。状況証拠のみによる殺人の認定である点に実務上の参考となるので掲載した。」（「波崎事件」第二審判決を所収した最高裁判所内部資料『裁判速報』より）

波崎事件は、このように司法関係者から注目されている事件です。そして、この波崎事件は、日本の冤罪の歴史をみてきますと、例外的な特殊なケースではないということがわかってきます。「冤罪を生む構造」が、この事件においても歴然としており、明々白々であることがわかります。

現在、来春（二〇〇九年）に実施が予定されている「裁判員制」に関連して、さまざまな司法改革が行われています。日本の有罪率（起訴された人が裁判で有罪になる割合）は「九九・九％」です。これは一見すると、日本の警察と検察の優秀さを示す数値のように見えます。しかし、諸外国の例と較べてみれば、この数値が異常であることがわかります。このため、多くの司法関係者から日本の裁判は「セレモニー化」していると批判されています。このような現状の背景には「冤罪を生む構造」があります。ところが、今回の司法改革でも、なぜか、この構造にはほとんど手付かずのままなのです。重大な問題点を抱えたまま、市民が強制的に参加させられようとしています。これはとても怖ろしいことです。
新しい司法制度には、主権者である「国民」が参加することになっています。この改革を成功させるには、国民一人一人が司法の現状を知る必要があります。そして、この「冤罪を生む構造」をできるだけ除去して、私たち一人一人の基本的人権を保障するように努力していく必要があります。この本がそのための一助となればと思います。

二〇〇八年十二月

根本行雄

注記　波崎事件に登場する人物は、被告人と、裁判官、検事、警察官については本名を使用していますが、その他の登場人物については、すべて仮名を使用しています。
なお本文中に引用・紹介した文献の出版者（社）、出版年の表記がないものについては、巻末（P.221〜）の「引用文献」・「参考文献」にまとめて表記しました。また、引用文中の〔　〕内は、筆者による注記です。

波崎事件関係者相関図

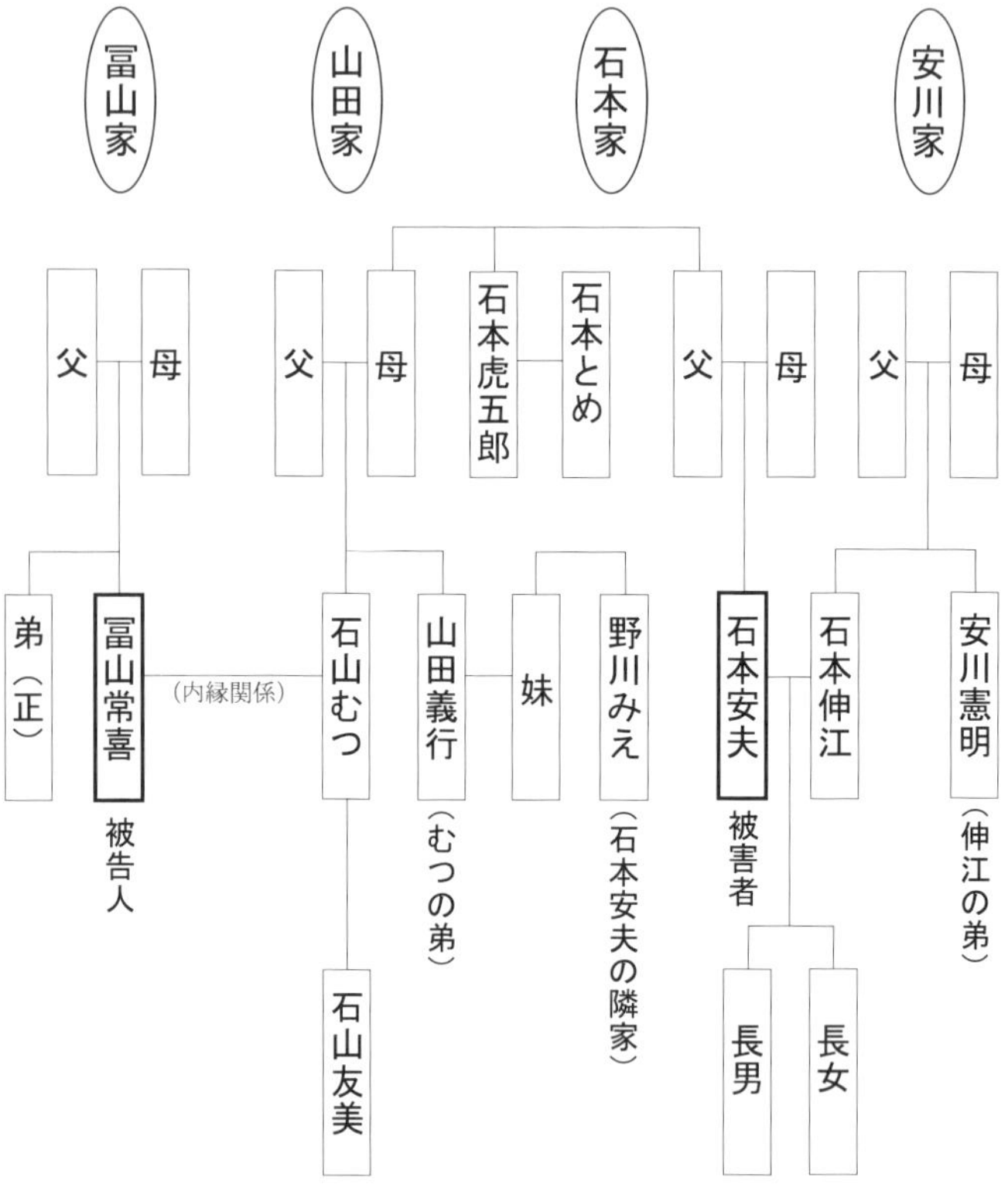

岡田信秀	不動産業
安藤勝一	鮮魚仲買、安夫のばくち仲間
三田金市	保険外交員
浜田正司	金融ブローカー
江川美津子	金融業
篠田光男	石本安夫の隣家
菅原清吉	製材業

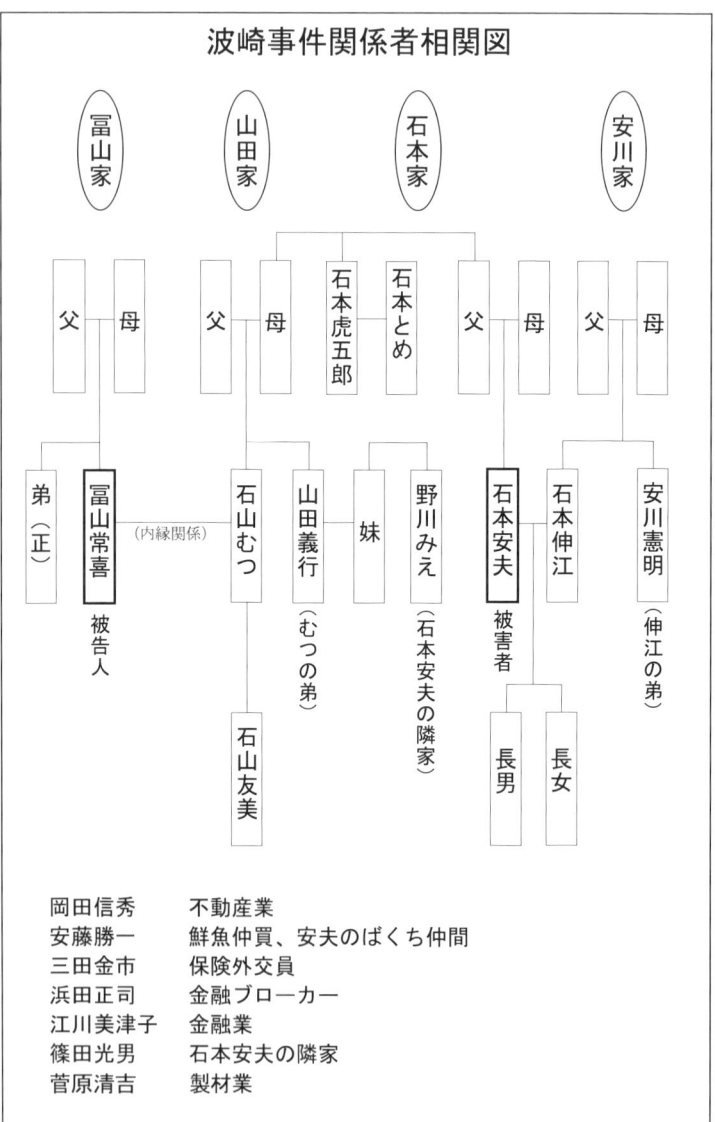

目次

第三章　冤罪を生む構造②　検察について

第一章　波崎事件とは

事件発生当時（一九六三年）の波崎

「波崎《はさき》事件」という名前は、事件の起こった場所の地名に由来しています。日本で一番流域面積が広い「利根川」が長い長い旅を終えて、太平洋に注ぎ込んでいる河口を挟んで、茨城県と千葉県があります。茨城県側に事件が起こった「波崎町」、千葉県側に銚子市があります。しかし、地元では、「千葉らき県銚子市波崎町」と呼ぶ人が少なくありません。銚子漁港と波崎漁港とは、二つで一つの漁港都市をなしていたからです。

波崎事件が起きた、一九六三（昭和三十八）年という年は、どういう時期だったのでしょうか。

一九五〇（昭和二十五）年、朝鮮戦争の勃発により、日本は「特需景気」に沸きました。この特需により生産は急速に拡大し、五一年には鉱工業生産が戦前の水準を超えるほどに回復し、高度経済成長の基盤が作られていきました。そして、経済企画庁の発行する『一九五六（昭和三十一）年度の年次経済報告』には、「もはや『戦後』ではない」と書かれました。五九年、岩戸景気。六〇年には、池田内閣は「所得倍増計画」を発表。日本の産業構造は、第一次産業から第二次産業へと比重を移し、工業が急速に発展していき、日本の経済は予想以上の発展をとげていきました。

六〇年三月、銚子市は「戦災復興都市計画」を終了しました。そして、四月四日には「銚子大橋」の起工式が行われました。この橋は、茨城県の鹿島臨海工業地帯（当時、造成工事が急ピッチに進んでいました）と千葉県銚子市を結ぶ国道の整備であり、地元の人々には戦後の景気回復とともに、さらなる経済の発展を約束する象徴でした。

そして、この鹿島の造成工事と銚子大橋の工事に関連して数多くの飯場ができ、出稼ぎ労働者が大量に流入し、とばく場、飲食街、風俗店などが隆盛になっていました。それに伴い、地元の人々の間でも、もともとばくの盛んな地域でしたから、なお一層とばくが盛んになっていました。

銚子大橋。当時は有料通行で、橋の波崎町側に料金所があった。
2008年８月現在、老朽化のため、隣に新しい橋を建設中。

銚子大橋は、六二年十二月十日に開通しました。式典には、建設大臣、道路公団総裁、千葉県知事、茨城県知事が出席し、招待者数千八百人、渡り初めには、三代の夫婦百一組の六百六人が参加し、小学校の鼓笛隊も参加しました。全長千四百五十メートル、「日本一長い、夢のかけ橋」として、大きな話題になりました。当時小学生だった私も、この開通式に参加しました。

銚子大橋は、赤くて、大きな、鉄骨でできた橋です。それはまるで、太くて赤い紐で、あやとりをして作ったようでした。橋の中ほどあたりまで歩いていくと、強い風が吹いている訳でもないのに、この大きな丈夫そうな橋がゆっくりと、ぐらりぐらりと揺れて、ちょっと怖くなりました。橋には、両手の指を交互にかませたような、くし型の接合部がありました。こういうふうに揺れるように設計して作ってあるから、大きな地震が起きても壊れないのだという説明を聞きました。橋の中央部に立ち止まって河口や上流を見ますと、その景色は小高い丘の上から眺めおろすようでした。

橋を渡りきり、波崎町側にある料金所のところに立って、波崎町を見渡しますと、正面には神社があり、右側が波崎漁港を中心とする市街地、左側は農村地帯、事件発生当時はナシの栽培が盛んに行われていました。

この波崎事件の起きた一九六三年、当時小学生で、銚子市に住んでいた私には、連日のように新聞で事件の報道がなされていただろうし、地元では大きな話題になっていたであろうに、なぜか、記憶がありません。私が住んでいた

銚子大橋の料金所跡地。波崎町は現在神栖市となっている。

のが銚子市だったからでしょうか、小学生だったからでしょうか。私が今でも記憶しているのは、同じ年の三月に発生した「吉展ちゃん事件」と、十一月の「ケネディ暗殺」と、十二月の「力道山が刺殺された事件」のことです。そして、翌年には、「東京オリンピック」が開催されました。

付記　近年、全国的な市町村合併が行われていますが、波崎町も、例外ではありません。神栖町と合併し、現在は行政区域の名称としての「波崎町」はなくなり、神栖市波崎となっています。

冨山常喜さんについて

この事件の被告人と被害者を最初に紹介しておきましょう。

波崎事件の被告人となった冨山常喜さんについては、「自己紹介」をしてもらいましょう。以下の文章は、一九六三（昭和三十八）年十月二十三日付の警察官面前調書です。通常、「員面調書」と呼ばれているものです。

「私の姓は戸籍上ではワ冠りの冨山になっているのですが、今までは普通ウ冠りの富山という字を使用しておりました。

名前は通称で高幸という名前を使用しております。

教育は本籍地の小学校高等科二年卒業であります。

前科は交通違反一犯であります。それは十年位前に私が那珂湊市にいるころ、無免許でオートバイを運転し水戸の裁判所で罰金千円に処せられました。

それから七、八年前にオートバイの詐欺容疑で那珂湊警察署において取調べを受けました。処分は受けませんでした。

家族は居住地に内縁の妻　石山むつ　四三才、むつの連子　石山友美　一九才　の三人暮らしです。

本籍地には、母　七〇才　弟　三七才　弟の嫁　姪三人　妹　二六才　がおり、弟は箱の販売業をやっております。

財産は、私の名義で波崎町浜道にある山林五畝十五歩、山林二四歩があります。この土地は本年七月末ごろ石本安夫から買い受けて名義変更したものです。本年七月末ごろ石本安夫から買受けた波崎町浜道にある畑八畝五歩は現地が山林であるが、台帳が畑になっているため、地目変更してから名義変更するということでまだ登記手続はしてありません。石本安夫には二六万五〇〇〇円の貸があります。本籍地のほうには弟名義のものがあり、私名義のものはありません。貯金のほうは一銭もなく、借金が五、六〇万円あります。

私が不動産仲介業による手数料が、月収四万円位あり、娘と妻がやっているパーマ屋による月収五、六万円ありますが、パーマ営業設備のため借金十七万円位ありますのでそのほうの返済もしなくてはならないので生活は普通です。

経歴を申し上げます。本籍地で亡父△△の長男に生まれました。父はもと車大工をやっておりました。父は昭和二十六年六月ごろ死亡しました。小学校を卒業してから、一年位父の車大工のほうを手伝っており、昭和十三年から十六年六月まで水戸飛行学校の電気工員となり飛行機関係の各電気器具その他電気による照明器具の修理点検をやっておりました。昭和十六年六月ごろ臨時召集で朝鮮咸興七四連隊へ入隊し国境警備を青鴨で終戦までやっておりました。当時の階級は軍曹であります。終戦でソ連軍の捕虜となり、シベリアに抑留され、昭和二十四年十二月正式の引揚では最後の引揚として舞鶴に上陸してわが国へ帰ってきたのであります。

それから昭和二十六年ごろまで本籍地で弟が箱屋をやっていたので手伝っており、父はそのころ生きておりましたが、年寄りで仕事はしませんでした。

その後自宅でラジオの修理を始め二年間位本籍地でやりましたが、商売が思わしくないのでやめ、箱屋のほうを私が主としてやるようになり、弟と商売を始めたのであります。

昭和三十年ごろ箱の取引で波崎、銚子方面へくるようになり、昭和三十年ごろ取引上で、波崎町の伊藤箱屋へ集金に行くようになり、そのころ波崎町へ行って『おくらや』という飲食店へ泊まったことから、そこで女中の石山むつと知り合い、むつが借家していた現在の家へ泊ることもあり、昭和三十一年ごろから石山むつと同棲するようになったのです。その後も波崎町で箱屋をやっており、妻は昭和三十二、三年ごろに女中をやめ箱屋のほうを手伝っておりました。

箱屋のほうは昨年六、七月ごろにやめてしまい、その後は娘にパーマ屋を開業させるための準備をしました。

昨年十一月十八日に波崎町別所に借家してパーマ屋を開店し、この方は娘と妻にやらせておりました。

私は本年四月ごろから、町内の岡田信秀さんの不動産仲介業を手伝うようになって現在に至っております。」

被害者について

被害者の石本安夫さんについては、ばくち仲間であった安藤勝一さんの証言を参考にして、紹介しましょう。

安藤さんは安夫さんの兄と幼友達だったので、小さい時から安夫さんのことはよく知っていました。安夫さんは仕事(農業)はまじめにやっていましたが、農閑期になると、ばくちをやっていました。波崎事件の起きる一年くらい前に、安藤さんは「ばくちをやめるように言ってくれ」と安夫さんの兄に頼まれましたが、安夫さんはやめるようすはありませんでした。ばくちの借金を支払うために土地を売ったりしていました。また、無免許運転で白タク(無免許営業のタクシー)をやっていました。それから、ばくちの借金を払うために百万円を借りたいからと、安夫さんから金を貸してくれる人を探してくれと依頼され、安藤さんは今住んでいる土地と家の権利書を預かっていました。

事件の起きた日(八月二十五日)、夜の八時頃、安夫さんは冨山さんの娘(友美さん)と車で安藤さんの家に来ました。八日市場市の金融業者からお金が借りられるから、権利書を返してくれと言うので、安藤さんは返しました。

被害者の石本安夫さんは、冨山さんの内妻である石本むつさんのいとこです。ふだんから親しくしていました。

一九六三（昭和三十八）年三月頃、冨山さんは、内妻の弟である山田義行さんが生命保険に加入するための健康診断を受けるというので、水戸市へ同行しようとしていました。すると、安夫さんも同行したいと言い出したので一緒に行くことになりました。T保険会社で待たされていたときに、冨山さんは安夫さんに多額の金銭を貸していましたので、彼が以前に無免許運転で自動車事故を起こしたことを思い出し、貸し金の担保として生命保険に加入するように勧めました。すると、彼が承諾しましたので、山田さんと一緒に健康診断を受けることになりました。そして、保険料は冨山さんが一時的に立て替えて支払いました。この日の帰り道、安夫さんはまたしても無免許運転をし、スピードの出し過ぎから自動車を横転させるという事故を起しています。

その後、T生命保険会社より保険金の受取人が冨山さん一人であるということで、安夫さんは保険に加入できないという連絡が冨山さんにありました。冨山さんは、そんなにめんどうなら保険には加入しないという返事をしましたが、保険勧誘員の三田金市さんは自分の営業成績をよくするために、独断で、保険金の受取人を冨山さんと石本伸江さん（安夫さんの妻）の二名とし、死亡時六百万円を受け取れる生命保険を成立させ、それぞれ半額の受取人になるようにしました。しかし、冨山さんは事件が起きるまで、そのことを知りませんでした。そして、保険証券が石本さん宅に届いたのは、事件発生後の八月三十日でした。

事件発生の前日

事件発生の前日、八月二十五日について、その日の朝から、関係者の行動を裁判資料に基づいて素描しておきましょう。

石本伸江は、夜明け前の、まだ外は暗い、午前三時頃に起きた。もっとも、この時刻は正確ではない。この家に一つあるきりの柱時計は修理に出してあったからだ。

伸江は家族が起き出す前に、朝食の準備を整え、先に食べると、行商に行く準備を始めた。前日に、畑からもいだナシをりんご箱に半分くらいずつ二箱に詰めておいたのをリヤカーに載せて、銚子の市街地の方へ売りに行くのである。出かけたのは五時頃、その日は順調に売りさばけ、いつもより早く、八時半過ぎに帰って来た。自宅の屋敷内に入ろうとすると、近所の雑貨商をしている野川みえに会った。

みえは、「箱屋（冨山さんのこと）から、おまえの父ちゃんに来てくれと電話がきたぞ」と声をかけた。まだ、電話が普及しだしたばかりの時期で、この辺では雑貨商をしている野川みえの家だけに電話があった。有線電話はあったが、不便だったので、電話の取次ぎには、野川の家の電話がよく利用されていた。

家に入った伸江は、子ども達に「父ちゃんは」と聞いた。すると、「起きたら、もう、いなかった」と返事をした。

仲江はリヤカーを片付けると、すぐにナシ畑とは別の野菜畑に行った。農作業が一段落して、家へ帰る途中で、正午のサイレンを聞いた。仲江が内縁に腰掛けて休憩していると、素足でズボンを泥だらけにして安夫が帰って来た。「何をやった」と聞くと、安夫はナシ畑で水かけをやってきたと答えた。すぐに、昼食にした。

午後一時頃、仲江の弟の安川憲明がミゼット（小型の三輪自動車）に乗ってやってきた。銚子に行く途中だと言いながら、「箱屋が来いと言っている」と安夫に言った。

憲明が帰った後、仲江は畑から摘み取ってきた豆をもぎ始めた。すると、安夫はパンツ一枚の姿で、ふらっと出かけた。約二十分くらいで戻ってくると、子どもと一緒にテレビを見た。

「頭が痛いから、薬をとってくれ」と長女に頼み、安夫は粉薬を一服飲んだ。

午後三時頃、安夫は半袖シャツ、ズボン、サンダル履きで出かけようとした。「どこへ行くんだ」と仲江が聞くと、「箱屋が来いと言っているから」と返事をした。

夕方になってから、仲江はナシ畑を見に行った。たしかに、たっぷりと水がまかれていた。雷鳴が聞こえ、雨がポツリポツリと降ってきた。

すぐに帰宅し、風呂をわかし夕食の支度をした。風呂がわくと子ども達と一緒に入り、夕食にした。午後八時からフジテレビの、こまどり姉妹の出演する『ふたりぼっち』を見た。そこへ、近所に住むお祖母《ばあ》さんから有線電話がかかってきた。用件は、「銚子の清川町（安藤勝一のこと）で用事があるから、今日でも明日でもいいから、父ちゃん（安夫のこと）に来てくれ」というものだった。

安夫は午後三時過ぎ、冨山宅を訪れた。八日市場市の金融業者へのつなぎがついたという連絡が、金融ブローカーの浜田正司から冨山に入っていた。冨山宅には不動産業者の岡田信秀がいた。安夫と岡田はバイクのことで激しい口論になった。冨山が仲裁に入り、午後四時頃、岡田は用事があるからと帰って行った。

安夫は冨山から自動車を借りて、浜田のところへ行き、三十分くらいで帰って来た。そして、今夜のうちに出かけることで話がついたと、冨山に報告した。

友美は、免許を取り立てで、自動車を運転するのが大好きだった。自動車が帰ってくると、自分で運転してパーマ店に出かけていった。

午後七時頃、浜田が冨山宅にやって来た。しかし、自動車がないので、また、来ると言って、すぐに帰った。

午後七時二十分頃、友美が戻って来た。ＴＢＳテレビで『隠密剣士』を放映していた。岡田と安夫がまた来ていて、二人はまたしても、激しく口論をしていた。今度も、冨山が仲裁をした。

午後七時五十分頃、安夫は友美を助手席に乗せて、安藤勝一のところへ出かけていった。家屋敷の権利証を返してもらうためだ。二人は、すぐに帰って来た。午後八時二十分頃だ。

浜田は八時頃、またやって来て、冨山宅で待っていた。冨山、むつ、岡田、浜田の四人はカキ氷を食べていた。安夫と友美が戻ってきたので、カキ氷は二つ、追加された。

安夫はカキ氷をさっさと食べて、自動車を借りたまま、すぐに自宅に帰った。『ふたりぼっち』が終わり近くになっていた。安夫は何も食べていなかったので、「おかずはあるか」と仲江に聞いた。「ない」と言うので、冷や飯に味噌汁をかけて食べた。

午後八時三十五分頃、安夫は再び、冨山宅に戻った。浜田が八日市場市の金融業者、江川美津子に電話をした。そして、安夫と浜田は冨山の自動車ですぐに出かけていった。銚子から八日市場までは、自動車で約一時間くらいかかる距離だ。出発すると、すぐに大雨というよりも豪雨になった。雷も激しく鳴った。八日市場市に着くと、市内は停電だった。真っ暗でなかなか江川の家が見つからず、九時四十五分頃に到着した。浜田だけが江川の家にあがった。安夫は運転席から降りようとしなかった。江川が「あがるように」と声をかけに行くと、疲れた様子をしていた。

冨山宅では、安夫と浜田が出かけると、すぐに、岡田が帰った。それから間もなく、午後九時頃、伸江の弟の安川憲明が知人と二人でやって来た。こちらでも、激しい雨が降っていた。午後九時半頃、冨山宅の向かい側の住宅街は停電になった。

午後十時頃、安川ら二人は帰っていった。冨山とむつと友美の三人は遅い夕食をとった。十時半頃、友美が先に六畳間で寝た。次に四畳半の寝間でむつが十一時頃に、しばらくして、冨山が寝た。

午後十一時半頃、安夫と浜田が金策から帰って来た。自動車が止まる音と、入口の戸に安夫がぶつかる音で、冨山は起きた。パンツ一枚の姿だった。二人は居間にあがった。冨山は寝間にもどり、浴衣を着た。友美も、むつも、寝たばかりのところを起されてしまった。しかし、明日はパーマ屋の仕事が朝早くからあるので、起き出すことなく、寝たままでいた。

浜田は報告をすますと、すぐに帰っていった。安夫は、明日も、八日市場市へ行くので、このまま、自動車を貸してくれと頼んだ。自分の自動車は修理にだしてあったし、バイクは岡田に売ってしまったことになっていたからだ。冨山は、明日の朝、友美が必要だからと一旦はことわった。しかし、朝、自動車をもって来るということで、承諾した。

帰りがけに、安夫は、岡田のことで腹が立って、「眠れそうにない」と言ったので、冨山は「鎮静剤でも飲んで、寝ろ」と答えた。「鎮静剤など、ない」と言うので、「アスピリンでも、いいんだぞ」と教えた。

安夫は冨山の自動車を借りて、帰っていった。

急死から殺人事件へ

八月二十六日の深夜、石本安夫さんが茨城県波崎町《はさき》にある波崎済生病院にて急死しました。これが「波崎事件」の発端です。

一審の判決では、冨山さんが青酸化合物を利用し、石本さんが運転中に過って交通事故を起して死亡したように偽装して保険金を詐取しようと完全犯罪を計画していたと推定しています。

八月二十五日、石本さんが金策のため、不動産業者の浜田さんと二人で八日市場市の金融業者のところに、冨山さんの自動車を借りて出かけました。一審では、自動車を返すために被告人方に立ち寄ることは確実ですから、かねてからの計画を実行に

当時の波崎済生病院は現在、済生会波崎診療所となっている。
当時は木造平屋建ての建物だった。(2008年８月撮影)

移すため、冨山さんが青酸化合物を入れたカプセルを作って待っていたと推定しています。

石本さんは同日午後十一時半頃に冨山さん宅に立ち戻り、座敷に上がってしばらく話をしてから、帰宅しました。一審では、翌午前〇時十五分頃に被告人の車を借りて一人で自動車を運転して帰宅したと推定しています。

この日の午後石本さんは、岡田信秀さんに自分のバイクを担保にして金を借りたつもりでいた（岡田さんは購入したつもりでいた）ところ、岡田さんがバイクを他人に勝手に転売してしまったと腹を立て、冨山さん宅にて、岡田さんと激しい口論をしていました。そのため、帰り際、石本さんは腹が立って眠れないと言いましたので、鎮静剤かアスピリンのようなものを飲めばよく眠れると教えました。一審では、正常の薬品のように装い、青酸化合物を入れたカプセルを石本さんに手渡したので、彼は即座に被告人宅の土間にある水道の蛇口をひねり、いつものように口を付けて水を飲みながら、カプセルも一緒に飲み下して、すぐに冨山さんの車で帰途についたと推断しています。

冨山さん宅から石本さん宅までは、直線距離で約一・三キロメートル、自動車で三分くらいの距離です。警察によれば、石本さんは二十六日午前〇時二十分頃に帰宅しました。そして、寝床に入って、しばらくしてから猛烈な苦悶を始めました。この時、「箱屋（冨山さんのこと）に薬を飲まされた」と言ったと石本伸江さんが証言をしました。電話で、近所の病院に往診を頼みましたが断られましたので、近所の人たちが自動車で近隣の救急病院である波崎済生病院に運び込みましたが、午前一時三十分ごろに死亡しました。

救急で入院した時に、救命処置を担当した二名の医師は病死であると判断をしました。しかし、石本さんの妻が毒殺を主張したため、病院職員が、当時たまたま入院していた警察官に連絡をしました。すると、彼はただちに所轄に連絡しました。

二十六日午後、司法解剖が行われましたが、変死の徴候は確認されませんでした。しかし、警察は、当初より、被害者の妻の証言を鵜呑みにして、毒殺事件であるという予断と偏見にもとづいて、事情聴取や家宅捜索などに着手しました。そして、県警鑑識課より、青酸化合物が検出されたという報告を受けると、本格的な捜査を開始しました。

警察は箱屋こと冨山常喜さん（当時四十六歳）を十月二十三日、私文書偽造の別件で逮捕。その後、十一月九日に保険金目的の毒殺容疑で再逮捕しました。冨山さんは取り調べ段階から一貫して事件とのかかわりを否定し、無実を主張し続けました。しかし、自白もなく、物証もなく、目撃証人もなく、情況証拠のみで死刑判決を受けました。

死後再審開始の夕べに参加して

その日はとても奇妙な始まり方をしました。冬の十二月だというのに台風が襲来し、早朝から関東一円は強風と豪雨に見舞われていたのです。交通機関は大混乱を起していましたが、私は予定通りに上京することに決めました。二〇〇四年十二月五日（土）、午後一時半より、東京、西早稲田にある日本キリスト教会館にて、「波崎《はさき》事件　冨山常喜さん一周忌・死後再審開始の集い」が予定されていたからです。冨山さんの「一周忌」であるということ、「死後再審」を開始するということ、この二つの特別な理由が、少々の困難は断固として克服すべきであると教唆《きょうさ》していました。いつもならば三時間くらいで到着できるところですが、この日は約五時間余りかかりました。

会場に入ると、正面には縁を花で飾られた、「フーテンの寅さん」に眼鏡をかけさせ、ネクタイに背広姿できまじめな様子にさせるとそっくりの、四角い顔をした、あの冨山さんの写真がありました。そこには二十名あまりの参加者が集まっていました。

集会は、冨山さんへの黙祷から始まり、次いで主催者の「波崎事件対策連絡会議」代表の篠原道夫さんと、「波崎事件の再審を考える会」代表の大仏《おさらぎ》照子さんのあいさつ、そして、木下耕一路さんによる「死後再審開始に至るまでの経過報告」がありました。

集会の第一部の最後に、冨山さんの弟の正《しょう》さんがあいさつをされました。一審の水戸地裁で、無実の証拠を無視した死刑判決を聞いたとき、田上輝彦裁判長に対して、「人殺し！」という怒りの声をあげたこと、死刑囚の親族に対する世間の侮蔑と差別が激しかったこと、冤罪を晴らさずにこのままで終らせたくないので、死後再審を決意したことなどを話されました。

第二部の交流会では、献杯のあと、参加者全員が自己紹介を兼ねた発言をしました。参加者のなかには、狭山事件（→付録P. 211）、帝銀事件（→付録P. 209）、袴田《はかまだ》事件（→付録P. 212）の関係者がおり、連帯の輪を広げていく運動をしていこうという発言に、賛同の拍手が鳴りました。

帰路、私は東京駅構内の本屋で、上野正彦著『死体は告発する――毒殺事件検証』を購入し、拾い読みをしました。すると、そこには、「血液を四度Cで一、二週間保存しておくと、血液が腐敗する過程で、細菌の働きによって青酸が作られることがある。」（四二頁）という記述がありました。

波崎事件のホームページには、「胃の内容物約百グラムは、蓋をした広口瓶に入れ、茨城県警鑑識課の冷蔵庫に九日間保管されたのち、約三十グラムが警察庁科学警察研究所に届けられた」と記述されています。「四度C」というのは「冷蔵庫に保管」に該当しますし、「九日間」というのは「一、二週間」に該当しますから、波崎事件においても同様に、腐敗によって、青酸が作られた可能性があるということになります。

波崎済生病院の「死亡診断書」（八月二十六日付）には、「急性左心室不全のため昭和三十八年八月二十六日午前一時三〇分　当院に於て死亡した」と書かれています。そして、同じ日の午後に行われた司法解剖の「鑑定書」（提出は十一月二十六日）では、茨城県警鑑識課の鑑定結果を援用し、「死因は、青酸化合物の経口摂取による中毒死と鑑定する」としながら、「この屍《かばね》の剖検所見はその大部分が急性心機不全による急性死の所見を呈し、出血性胃炎及び膵臓の異常なる色調のみが、わずかに中毒死を疑わせる所見である」と記述されており、「この屍の青酸中毒現象はやや非定型的なり」という記述も付け加えられています。このことは、被害者の死因は病死であった可能性を示唆していると思います。胃の内容物が腐敗により青酸を作りだしたために、石本伸江さんが主張した毒殺説が補強され、病死を毒殺とする先入観を持っていた警察は、予断と偏見をもって冨山さんを犯人に仕立て上げてしまったのではないか。青酸による毒殺という殺人は、最初から存在しなかったのではないか。

私は、この腐敗により青酸が発生するという学説は、冨山さんの無実をかち取るのに、大きな力になるだろうと思いました。この本を手にしたことは、偶然ではない、必然であると思いました。

第二章　冤罪を生む構造①　警察について

私たちの身近なところで「冤罪」は発生しています

私たちのほとんどは、逮捕されたり、留置場に入れられたりという経験をすることは、まず、ありません。また、そういう経験をしたいとも望んではいません。なるべくなら、あるいは、できることなら、逮捕されたりとか、留置場に入れられたりということは避けたいものだと思っています。ですから、逮捕されるということがどういうことなのか、留置場とはどういうところなのかを知りません。とにかく、人を殺したり、危害を加えたり、人の財産を盗んだり、法律に違反したり、つまり、罪を犯した人だから、逮捕されたり、留置場に入れられたりするのだと思い込んでいます。

しかし、実際には必ずしもそうではありません。交通事故を起こさないように注意をし、安全運転を心がけていても、相手からぶつかってこられたり、突然の飛び出しがあったりと、交通事故に遭遇してしまうことはあります。それと同じように、ある日、突然、身に覚えのないことで逮捕されたり、留置場に入れられたりということは起こりうるのです。

最近、『Shall We ダンス?』の監督として有名な、周防正行監督の新作映画『それでもボクはやっていない』（二〇〇七年一月公開）が上映されましたので、早速、観に行ってきました。この映画は、朝の通勤電車のなかで、痴漢だと疑われた青年が、一貫して自分は無実であると主張していながら、一審において有罪の判決を受けるまでのストーリーを描いたものです。

この映画を観ながら、あらためて、日本においては容疑者として逮捕されると、そこからはもう、基本的人権の侵害が堂々と合法的に行われているのだということを痛感しました。代用監獄（警察署にある、いわゆる「留置場」）での処遇は、これは完全に有罪判決を受けた人のものです。自殺等を防止するためにという理由で行われる、身体検査や持ち物の取り上げ、それから留置場への閉じ込め（他の被疑者との同居生活が強制され、プライバシーがなくなります）、さらに、二十四時間、監視下に置かれ、起床から就寝までの共同生活の時間割が強制されます。これらはすべて基本的人権の侵害です。主人公の青年は無実を主張しているため、証拠の隠滅、逃亡の惧《おそ》れがあるという理由で保釈が認められません。ですから、何カ月間も、留置場に閉じ込められてしまいます。こういう処遇のすべてが合法的に行われています。そのうえ、被疑者の青年が無実の証拠をいくつも挙げていながら、裁判官が独断と偏見を持っているために、それらの無実の証拠を無視して有罪判決を出しがちであるという、日本の司法の現状が「よくわかる」内容に仕上がっています。

冤罪《えんざい》事件というと、ついつい、死刑や無期懲役のような重罪事件を連想しがちですが、私たちの身近なところにも、「冤罪」は発生しています。その典型が「痴漢冤罪」事件です。

それにしても私たちのほとんどは、警察のことも、さらには検察や裁判についてはなおさら、知らないのです。しかし、知らない、わからないままでいることは、とても怖ろしいことです。

現在進行している司法制度改革の柱の一つは、主権者である「国民」が司法に参加するということです。つまり、私たち一人一人が主権者としての自覚を持って、司法制度の一翼を担っていくということなのです。それは、私たち一人一人が司法制度がどのように運用されているかをしっかりと知り、正しく運用されているかどうかをチェックしていくことを意味しています。国民の監視のないところでは、権力は、必ず、不正をし、差別をし、腐敗していくからです。

捜査の三段階

弁護士の生田暉雄さんは、伊佐千尋著『島田事件』の解説として、「日本の刑事裁判の課題」という文章を書かれ、日本の冤罪の構造とそのメカニズムについて、舌鋒鋭く、「快刀乱麻」という感じで述べられています。（島田事件→付録 P. 208）
「殺人、強盗、放火、窃盗といった犯罪行為によって生じた現象を現場に臨んでそこに残されたいろいろの資料を収集しなければ、捜査ができない犯罪を臨検犯といいます。臨検犯の捜査が進展する過程には、通常三つの段階があります。第一の段階は、犯罪が行われた現場を中心とした捜査であって、将来の捜査のために必要な基礎資料を発見し、収集するのが主要な目的であるため、基礎捜査（又は初動捜査）ともいわれています。例えば、現場における指紋・足跡等の収集等です。第二の段階は、基礎捜査によって得られた資料に基づいて、確立された方針に従い、犯人を特定し、これを検挙するために行われる捜査活動で、本格的捜査ともいわれます。第三の段階は、検挙された被疑者の取調べや自供に対する裏付け捜査などによって事件をまとめる、すなわち立件送致の段階です。事件の内容や捜査の難易その他の事情によって、各段階の期間が長かったり短かったりの差はあるが、何《いず》れの場合でもこの三段階を経て進められるのが原則です（警視正、元警察大学校刑事教養部講師、綱川政雄著『初動捜査の実際』立花書房、三〜四頁）。

そして、第一段階の捜査は、第二、第三段階の捜査よりも、はるかに重要な意味をもつのです（同五頁）。ところが、現実には、日本の捜査は第三段階に異常な力点が置かれています。

「日本の捜査は、この三段階を区分せずまた三段階別の任務を定めず、一貫して特定の捜査班ないし捜査員が担当します。そうすると、どうしても、第一、第二段階で犯人とおぼしき人物について逮捕可能な程度の証拠を収集するにとどまり（つまり第一、第二段階を手抜きし）、後は犯人とおぼしき人物を逮捕、勾留して自白を求めます。犯人とおぼしき者の見込みが間違っていなければ省エネルギーの効率のよい捜査ということになるのです。ところが一旦見込みが間違っていると、第一、第二段階の証拠収集が不十分であるので、何が何でも見込んだ者を犯人にしてしまわなければならないのです。このとき諸外国に比して異常に長い逮捕勾留期間（諸外国は数時間から二日であるのに、日本は二三日間）、代用監獄における勾留、取調べにビデオ、録音機の設置がなく取調べの可視化がないこと、取調べに弁護士の立会がないことを利用して、自白を獲得するのです。これが虚偽自白獲得となり、冤罪・誤判の原因となるのです。しかし、ヨーロッパ諸国では、捜査の目的が自白獲得に尽きることがないよう、逮捕、勾留の時間制限を厳格にすることはもとより、捜査の三段階をそれぞれ異なる任務分担がなされ、相互にチェック機能が果たせるようにしているのです。」（生田暉雄「日本の刑事裁判の課題」、伊佐千尋著『島田事件』解説、二七三〜二七五頁より）

生田さんは、日本では捜査の三段階が明確に分かれていないため、第一段階の初動捜査と第二段階の本格的捜査が軽視され、見込み捜査、別件逮捕が濫用されがちなのだと、冤罪を生む構造の一つを指摘されています。

波崎事件は、被害者とされた石本安夫さんが波崎済生病院で急死し、彼の妻である石本伸江さんが病院内で「箱屋が殺した」と言ったことが発端になっています。「箱屋」とは冨山さんのことです。彼女は、自分の夫は冨山さんから毒薬を飲まされて殺されたのだと主張したわけです。

当日、石本さんを診察し、救急救命措置をとった二人の医師は、法廷における証言においても、死亡診断書と国民健康保険被保険者診療録に記録されている通り、病死の判断をしています。青酸カリ特有の、臭気も、身体的な症状も、確認されていません。

しかし、殺人だと主張している人物がいるため、病院職員は後難が起こることを恐れて、当時、たまたま入院していた警察官、柴田昇に直ちに報告をしました。彼は、すぐに所轄の警察署に連絡を入れました。この時点において、「波崎事件」は発生しました。

波崎事件は、先述のように、自白も、物証もありません。ところが、この事件は被害者の妻の証言のみで捜査が始まり、裁判においては保険金目当ての、完全犯罪を目論《もくろ》む計画的な毒殺事件であるとして、冨山さんは有罪とされ、死刑の判決を受けています。

しかし、動機という点においては、被害者の妻も、同じ保険金の受取人ですから、冨山さんと同様の動機があるということになります。そうしますと、被害者の妻の証言を一方的に信用することは、不公平であると言えるでしょう。冨山さんの方から見れば、被害者の妻は、いわゆる「危険な証人」に当ります。実際に、冨山さんの刑が確定した後、彼女は保険金を受け取っています。このような証人の発言を鵜呑みにしてよいものでしょうか。しかし、実際には、一審判決にみるように、警察も、検察も、裁判所も、彼女の証言を丸呑みに信用しています。

ごく常識的に考えるならば、冨山さんを疑うのと同じ比重で、彼女も疑うべきでしょう。そして、初動捜査として一番最初に行うべきことは、石本安夫さんが苦しみ始めた自宅の現場を保全することでしょう。ところが、現場の保全も、捜査も、ほとんど行われていません。法廷にも、捜査をした証拠類の提出は行われていません。警察と検察は、予断と偏見を持って捜査をしていたことがわかります。

また、波崎事件では、いわゆる「ハワイ屋事件」という強盗傷害事件が「殺人未遂」であるとして「併合罪」として追起訴されています。

「ハワイ屋事件」は、波崎事件の起きる四年前の、一九五九（昭和三十四）年六月三日に起こった事件です。場所は、冨山さん宅から約三・三キロメートル離れた、波崎町荒波に住む、石本虎五郎さん、としさん夫婦の自宅です。事件の発生時刻は、一審では午後八時三十分頃から九時頃と認定され、第二審では午後九時十五分以降と認定されています。

虎五郎さんは、大正時代、大相撲の十両の力士でしたが、巡業先のハワイで廃業し、現地生まれのとしさんと結婚し、一九三五（昭和十）年頃に帰国、虎五郎さんの郷里である波崎町に住むようになりました。この夫婦はハワイ帰りであることから、近隣では「ハワイ屋」と呼ばれていました。事件の名前は、これに由来しています。

この事件の被害者である石本虎五郎さんは、冨山さんの内妻である石山むつさんの叔父さんにあたります。むつさんは子供のいない虎五郎さん夫婦から実の娘のように可愛がられていたそうです。むつさんが結婚する前の十九歳の頃から、戦死した前夫との間に子供ができるまでの四年間ほどは同居をしていました。しかし、むつさんはとしさんとだんだんと折り合いが悪くなり、やがて別居したそうです。そして、むつさんが冨山さんと同棲するようになってから、ますます関係が疎遠になっていったことから、としさんは冨山さんを快く思っていませんでした。そんな訳で、としさんは波崎事件が起こると、四年前の強盗事件の犯人もまた、きっと冨山に違いないと言い出しました。これを聞きつけた警察と検察は、これを奇貨として、裁判官に冨山さんを保険金目当ての強盗をするような陋劣《ろうれつ》な人間なのだという悪い心証を抱かせようと、追起訴をしました。四年前は強盗傷害事件だったものが、この時は「波崎事件」と同様の、保険金目当ての殺人未遂事件であると「でっちあげ」が行われました。

一審によれば、午後八時三十分頃から九時頃までの間に、犯人は石本虎五郎さん宅の勝手口から屋内に入り、廊下づたいに奥の寝室の方に忍び足で進んでいました。そこへ、ちょうど、隣家から貰い風呂して帰宅した、石本としさん（当時五十九歳）が帰宅しました。すると、犯人はそれに気づくと、取って返して、としさんに対して、「この婆くたばれ」などと怒鳴りながら、としさんの頭部をめがけ、所持していた棍棒を振るって数回乱打しました。そして、この騒ぎを聞きつけ、奥の寝室から駆けつけて来た虎五郎さん（当時六十五歳）に対しても、棍棒で頭部や胸部等を数回乱打しました。しかし、昔相撲取りをしていた虎五郎さんにあやうく組み伏せられそうになり、辛じて勝手口から屋外に逃げ出しました。さらに、虎五郎さん宅前の道路端でも虎五郎さんから取り押えられそうになったのを、ようやく、これを脱して逃げ去りました。その際、石本虎五郎さんは、頭、顔、左胸、腰に全治二週間を要するケガを、石本としさんも、頭、右手の掌と指に、同じく、全治二週間を要するケガを負いました。

この事件は、発生当時、冨山さんともう一人の人物が容疑者として嫌疑をかけられていましたが、捜査を担当した波崎派出所が選挙の取締りで忙しくなったことから、捜査を中途で放棄してしまいました。それが波崎事件の公判が六四年一月に開始されたあと、突然、同年三月に、冨山さんが「ハワイ屋事件」の犯人だとされ、「殺人未遂」であるとして追起訴されたのです。これは、波崎事件の被告人である冨山さんに対する裁判官の心証形成を、意図的に有罪方向に捻じ曲げようとして企図されたものだと言えるでしょう。

私たちのほとんどは、一週間前に食べた昼食のメニューでさえ忘れてしまいがちです。ですから、四年前の記憶となると、それがめったに経験することのない、記憶に残る、忘れにくい出来事であったとしても、しっかりと記憶していると自信を持って法廷で証言できる人は、たぶんたくさんはいないだろうと思います。事件の捜査は、できるだけ早い時期に、目撃者の記憶が薄れないうちにしっかりと調査し、記録しておくべきでしょう。初動捜査が一番重要である理由です。

「ハワイ屋事件」は、盗まれたものがなく、老夫婦が負傷しただけで済んだので、警察は捜査を放棄することにしたのでしょう。もし、そういう判断をしたのであるならば、「波崎事件」に併合すべきではなかったのです。そこには、警察と検察の、被告人を必ず有罪にするぞという意志が露呈しています。無実の人を有罪にしてしまう危険性、基本的人権を侵害することに対する無知と軽視とがあります。治安の維持を最優先にする権力の傲慢さと冷酷さがあります。

被害者であり目撃証人である石本としさんは、「棍棒で殴られている時に、顔や体格は見たし、声も聞いた。その晩は月が出ていたのでよく見えた。冨山に違いない」と法廷で証言をしています。しかし、気象台に問い合わせたところ、その晩は月が出ていないことが判明しました。としさん同様に被害者であり目撃者である虎五郎さんは、犯人を組み伏せようとしたのですから、としさんよりも近くでハッキリと見たはずですが、犯人の顔はよくわからなかったと証言しています。

また、としさんは直接の被害者として、犯人の「顔や体格を見た」のは確かなことなのですから、「冨山に違いない」ということを、なぜ四年前に言わなかったのでしょうか。事件発生当時の、虎五郎さんの供述によれば、「犯人は、年のころ二十歳前後、中肉で、背は五尺二、三寸位の男」であり、冨山さんは背丈が高く、当時は四十二歳ですから、犯人像と全く一致していません。

この事件については、第二審の東京高裁において、事件の起こった夜、シャツの背中に血をつけた男が自転車に乗って、冨山宅とは異なる方向へ走っていくのを見たという目撃証言と、事件の発生時刻と冨山さんの帰宅時刻とがほぼ同時刻であるとするアリバイが成立したことから、結局、無罪の判決が言い渡されています。

しかし、この「ハワイ屋事件」においても、警察は初動捜査のミスをしています。犯人の遺留品である二リットル入りの灯油缶から指紋の採取を行っていませんでした。

「指紋の神様」と呼ばれている塚本宇平さんを取材した、堀ノ内雅一著『指紋鑑識官』には、次のように書かれています。

「現在、事件が起きれば、特に殺人事件などの凶悪事件では、何より現場保存が優先される。犯人は指紋をはじめ掌紋、足跡、さらに血液、体液、そして毛髪や衣服の糸屑といった遺留物など、犯行現場に必ず何らかの手がかりを残しているものだからだ。その意味では、現場では〝鑑識優先〟で、初動捜査の任務を担う機動捜査隊も鑑識の見通しが立たないと動けないものなのである。

しかし、昭和四十二年当時、捜査一課は鑑識課の捜査にはほとんど重きを置いていなかった。現場に死体があれば鑑識から検視官が入ることになるが、指揮を執るのはあくまで一課の刑事で、鑑識はお呼びがかかるまでは現場にも入れてもらえなかった。つまり、鑑識課員以外の刑事らによって現場が荒らされたあとで、ようやく鑑識課の出番となるのである。

『物（物証）より人（自白）』が犯罪捜査の根幹にあった時代には、犯人の発見でも、聞き込みや取り調べといった〝人に聞く〟捜査に重きが置かれた。そして、刑事らが、『こいつに間違いない』という心証を抱くほどの容疑者が見つかれば、自供を得るため徹底した取り調べが行われ、鑑識不在のまま捜査が進むこともしばしばだった。首尾よくホシが完落ちすれば、そのまま一件落着となり、現場から採取された指紋などは、自供を裏付ける単なる補強証拠としてしか見られていなかったのだ。」（六〇頁）

波崎事件が起きたのは、一九六三（昭和三十八）年ですから、捜査は「物より人」の時代だったことは明らかです。ですから、見込み捜査から始まり、別件逮捕、代用監獄を利用した取り調べという、冤罪を生み出す、いつものお決まりのコースを進んでいくことになりました。

まず見込み捜査から始まり、別件逮捕が利用されます

読者の皆さんに、まず、知ってもらいたいことは、日本においては、捜査（初動捜査）はまず見込み捜査から始まり、別件逮捕が積極的に利用されているということです。それは、波崎事件をはじめとして、多くの冤罪事件に共通しています。

島田事件（→付録P. 208）も、見込み捜査から始まりました。

「捜査本部は、次々に被疑者を連行した。

『どこそこの男は変態の傾向がある』

『あいつは以前、女性に悪戯をしたという噂がある』

といった程度の聞き込みでも、島田市を中心にして、どんどんしょっ引いた。当初申し合わせたように、必要に応じて別件逮捕も利用された。（中略）

このようにして、無慮三百人の容疑者が二か月ほどの間にしらみ潰しに調べられ、犯行当時前後の行動を洗われたが、みなシロと判断せざるをえず、捜査本部はしだいに苦悩の色を濃くしていった。

奇妙なのは、新聞がその間、犯人らしい者の検挙を伝え、事実「犯行を告白」した者が二、三出てきたと報道したことである。しかし、それはみなぬか喜びで、後日アリバイが証明されたり、面通しの結果もシロと出た。

捜査本部がいかに犯人逮捕に焦りを深め、容疑もはっきりしないのにアリバイの追及のみ汲々とし、苛酷な取り調べに狂奔していたかをうかがわせる。」（伊佐千尋著『島田事件』一九〜二二頁）

財田川《さいたがわ》事件（→付録P.207）も、見込み捜査から始まり、別件逮捕が利用されています。

「捜査線上に浮かんだ者は、前記の『闇ゴメブローカー』（六八名）の他に、『色情怨恨関係』一五名、『前科者性行不良関係』三七名、『遺留品関係』八名と多岐にわたった。現場にリュックサックを遺留していたものや挙動不審の何人かは、別件の『食糧管理法違反』によって逮捕され、それぞれ徹底的な取調べを受けた。」（鎌田慧著『死刑台からの生還』三六頁）

帝銀事件（→付録P. 209）においても、同様のことが行われています。

「このような捜査要綱、捜査必携が、全国の警察署に配布されると同時に、モンタージュ、筆跡、所持品の拡大写真などが、全国の旅館、銀行、郵便局などに貼り出された。この手配のモンタージュに似ているとの投書や、似寄りの写真の送付はあとをたたず、嫌疑をうけ、迷惑をこうむった人々は何千名にも達した。

平沢が逮捕されるまでに、捜査線上に浮かんだ容疑者は、警視庁だけで千三百余名、全国で四千七百名、その他一応身辺を洗われた者が四千五十名、実に八千七百から九千名の多数に達したのである。この中には『私がやりました』と平沢以前に自供した者もいた。そして、そのほとんどが、毒物もしくは医薬に関係のある者ばかりで、捜査の主流は軍関係を精力的に追及していたのである。」（青地晨著『冤罪の恐怖——無実の叫び』一〇八〜一〇九頁）

波崎事件においても、別件逮捕が行われています。石本安夫さんが死亡した、一九六三（昭和三十八）年八月二十六日の翌日には、安夫さんの妻の「毒殺された」という証言にもとづいて、警察は「殺人事件」として捜査を開始します。二十六日午後には司法解剖が行われています。毒殺であるとか、他殺であるという証拠は見つかりませんでしたが、捜査は継続されていきます。二十六日には、安夫さんと一緒に八日市場市の金融業者へ行った浜田正司さんの供述をとり、二十七日には、八日市場市の金融業者である江川美津子さんの供述をとっています。二十八日朝には冨山さん宅を捜索し、薬品類を中心にさまざまなものを押収しています。そして、冨山さんに対して任意での取り調べを行い、供述調書を作成しています。しかし、冨山さんを逮捕したのは、事件からほぼ二カ月を経た、十月二十三日であり、「生命保険」についての私文書偽造、同行使の容疑でした。そして、その後、十一月九日に保険金目当ての毒殺容疑で再逮捕をしました。

このことからわかるように、波崎事件においても警察は冨山さんを犯人であると思い込んで、まず見込み捜査から始め、別件逮捕をします。そして、代用監獄という監禁状態を悪用し、自白を強要するという、日本の典型的な冤罪事件のシナリオを模倣するようにして進行していったのです。

ここで、一審の水戸地裁第二十二回公判における、弁護人による、取り調べに当たった警察官、市毛勝への尋問をお読みください。

ここに登場する菅原清吉さんは栃木県の製材業者で、冨山さんから木箱を購入した代金約百万円の支払いが滞っていました。冨山さんはその代金の半分以上を回収したのですが、その中に額面三十万円の約束手形が含まれていました。この手形が不渡りになったり、酒好きの菅原さんが飲酒運転で事故死でもしたらと不安がり、その債権を担保するために生命保険に加入することにしました。健康診断や署名は冨山さんが替え玉となり、印鑑は三文判を購入して、六二年十月、冨山さんは菅原さんの同意を得ることなく、三十年満期、保険金百万円、受取人を冨山さんの妻のむつさんにして契約をしました。このため、冨山さんは十月二十三日に私文書偽造、同行使の容疑で逮捕されました。殺人事件の取り調べをするための別件逮捕であることが明瞭にわかります。

弁護人　三十八年十月二十六日付のあなたの作成した調書についてお尋ねしますが、その調書には菅原清吉の文書偽造について取調べをしているうちに、そういう話になったんだという証言をしていましたね。

市毛　はい。

弁護人　その点は維持しますか。つまり、そのような証言をかえる必要はないということですが。

市毛　そうであります。

弁護人　（このとき、昭和三十八年十月二十六日付、市毛勝作成の供述調書を示す。）この前書きは、あなたが書いたんでしょうね。

市毛　そうであります。

弁護人　いつ書いたんですか。

市毛　これは二十六日に書いたことに間違いありません。

弁護人　あなたは調書を作成するときに、一旦、被告人の話を全部聞いてメモをしておいて、それを調書に作ったのか、それとも聞きながらずっと書いていったのですか。

市毛　間違いありませんかと聞いてから調書にすることが私の建前です。

弁護人　聞きながら、ずっと書いていったということですか。
市毛　そうであります。
弁護人　あとでまとめて書いたものではないということですか。
市毛　そうであります。
弁護人　そうしますと、その前書きを書いたのは、その調べの一番最初ですか。それとも最後ですか。
市毛　その日、二十六日に、私は冨山君を調べたのでございますから、間違いないと思います。
弁護人　だから、その前書きは調べを始めるときに書いたのか、それとも終わってから書いたのか、どっちですか。
市毛　……これは、私文書偽造のことを聞いておりまして、それがだんだん、そうした話になりまして、あの晩は浜田正司が帰ってから、すぐ石本安夫が帰ったんだというようなことがあったもんですから、後日、こうしたことが問題になると……
弁護人　私が聞いているのは、その前書きを被告人の取調べの最初に書いたのか、それとも取調べが終わってから、調書ができたあとで書いたのかと聞いているんですよ。
市毛　これは一番最後でしたが、調べの。
弁護人　最後、最初、どっちですか。
市毛　最後です。
弁護人　あなたは、その罪名について殺人被疑事件と書きましたね。

市毛　はい。
弁護人　ということは、殺人被疑事件についての調べをしたということではないんですか。
市毛　もちろん、これはあとに、この事実も、結局、この容疑事実になるというようなことで作ったわけでございます。
弁護人　そうしますと、あなたたちは調べをするときには、どの事件について聞くんだということではなくて調書を作成した上で、調書に合わせてその罪名などを書き入れるというわけですか。
市毛　そういう場合もあります。
弁護人　そういう場合にあたっておったということですか。
市毛　（…………）
弁護人　それから、主として調べたという私文書偽造の点について調書に全然記載がない点についても、この前と同じように、主張と言うか、証言するわけですか。
市毛　はい。否認しておったことは事実であります。
弁護人　そうして、あなたがその前の日付の他の警察官の自白調書があっても否認しておったというふうに言う、その点も変わらないわけですね。
市毛　自白しても、それは大体の……偽造したという点の分であって、その過程あるいは、その動機についてのことについて否認しておる、参考人と不一致だという事実がありました。
弁護人　あなたは被告人を逮捕したときには、被告人を殺人事件の容疑者として相当の嫌疑を持っていたと、この点は変わりませんね。

市毛　はい。

弁護人　そして、もし、被告人が殺人事件の犯人であるとすれば、どのような殺し方をしたのかという点については、何か嫌疑を抱いておりませんでしたか。

市毛　私としては薬物を飲ませたんではないかというだけでありました。

弁護人　薬物であるという点は考えておったんですね。そして逮捕したときには、その薬物が何であるかということは考えておりませんでしたか。

市毛　……薬物というのは、もし、殺したとすれば、青酸性の薬物であるんではないかというようなことは、想像は……。

弁護人　逮捕したときに、すでに考えておった。

市毛　いや、はっきり、わかりませんでした。

弁護人　そうすると、薬物が何かはわからないけれども、薬物で殺したのではないかというふうに考えておったということですか。

市毛　はい。

弁護人　そうだとしますと、その薬物が何だということが、はっきり後になってわかりましたか。

市毛　現在では、わかっております。

弁護人　それは何によってわかったのですか。

市毛　鑑識課の鑑定あるいは、こうけんの鑑定や上野……。

弁護人　こうけんの鑑定というのは何ですか。

市毛　捜査本部にあります。研究所にありまして、それを送ったときに、やはり青酸性毒物であるということが、あとで、検挙してからはっきりしたわけでございます。
弁護人　あなた、この前の証言では、鑑定は二つやったと言いましたね。
市毛　はい。
弁護人　前の鑑定とあとの鑑定で、何か違った結果が出ましたか。
市毛　同一だということです。
弁護人　前の鑑定の結果がわかったのはいつですか。
市毛　それは私達が行ってからでございます。
弁護人　どこに行ってからですか。
市毛　捜査に行ってからです。
弁護人　逮捕の前ですか、あとですか。
市毛　それはもちろん、前に聞かされてはおりましたです。
弁護人　逮捕の前に知っておったんですね。
市毛　(うなずく)
弁護人　そうすると、薬物に関しては被告人を私文書偽造同行使の容疑で逮捕する前とあととで、別段変わったものは出なかったわけですね。
市毛　……でなかったと思います。
弁護人　あなたは、この前、殺人事件については、決め手がないんだと、私文書偽造同行使が明白だから逮捕したと言った。その決め手がない理由としては、毒物が何であるかがわからなかったと、このことを挙げましたね。

市毛　はい。

弁護人　それは、実は、わかっておったんではないですか。

市毛　（…………）

弁護人　逮捕したあとで、科学警察研究所の鑑定が出たけれども、それはすでにされていた茨城県警鑑識課の鑑定と同じで、新しいものは出なかったわけでしょう。

市毛　はい。

弁護人　そうすると、どうして茨城県警の鑑識課の鑑定では確信をもてなかったものが、どうして茨城科学警察研究所の鑑定の結果、確信を持つように至ったんですか。

市毛　（…………）

弁護人　同じ鑑定結果でしょう。

市毛　それは上司のほうでやったのでありますので、その関係のことはよくわかりません。

弁護人　しかし、あなたは、この前、自分自身の証言として、そのことを述べているんですよ。

市毛　（…………）

弁護人　それじゃ、あなたは茨城県警鑑識課の鑑定の結果を知って被告人を逮捕したときには、すでに被告人が青酸性の毒物を飲ませて被害者を殺したと、こういう疑いを持っておったですか、持っておらなかったですか。

市毛　そういう容疑は……。
弁護人　その当時、持っていたか、いなかったか。
市毛　そのときは、まだ、何の毒物でどういうものであるかということは、はっきりわからなかったのであります。
弁護人　あなたは県警鑑識課の鑑定書は見ましたか。
市毛　私は見ませんが、医師から聞かされましたです。
弁護人　どういうふうに聞かされましたか。
市毛　青酸性の毒物であるということは、聞かされておりました。
弁護人　いつですか。
市毛　それは、あちらへ行ってからでございます。
弁護人　いつですか。
市毛　日にちは忘れましたです。
弁護人　逮捕の前でしょうね。
市毛　もちろん、そうであります。
弁護人　それ以上のことが、科学警察研究所の鑑定の結果わかりましたか。
市毛　それは、やはり、同様だというようなことだったと思います。
警察は、事件発生から約二カ月経過した十月二十三日に、富山さんを私文書偽造、同行使の容疑で逮捕しました。警察は物証や目撃証人などが得られないと、被疑者に自白（嘘の供述）をさせるために、別の容疑で逮捕をします。これを「別件逮捕」といいます。この尋問から、逮捕当初から冨山さんを「殺人事件」の被疑者として取り調べをしたことがわかります。

日本の勾留時間は異常に長い

次に、読者の皆さんに、知っておいていただきたいことは、日本においては、被疑者（容疑者）として逮捕された場合の勾留時間、拘束時間がとても長いということです。まず、少なくとも、二十三日間は覚悟しなければなりません。

「逮捕された被疑者は警察に留置されて取り調べを受け、四十八時間以内に送検されて検察官の取り調べを受けます。そして検察官は、ほとんどの場合逮捕後七十二時間内に裁判官に被疑者の十日間の勾留を請求し、裁判官はいとも簡単にこれを認めます。また、さらに裁判官は「やむを得ない事由があると認めるとき」に限って認められるはずの十日間の延長を当然のように許可しています。こうして二十三日間の代用監獄を使っての拘禁が、ごく普通のことになっているのが現状なのです。」（小林道夫著『日本の刑事司法』一九頁）

まず、たいていの人は、警察に逮捕されたということだけで、十分に、大きな被害を受けます。もし、あなたがサラリーマンやアルバイターならば、二十三日間も、警察に留置されたら、まずは解雇されてしまうことでしょう。小さな会社の経営者ならば、風評被害や資金繰りなどに困りはてて倒産するということになるでしょう。また、大きな会社のサラリーマン社長ならば、もちろん、更迭されることになるでしょう。

私たちのほとんどは、逮捕されたり、留置場に入れられたりすることはないだろう、自分には関係のないことだと思い込んでいます。しかし、日本という国で暮らしているということは、ある日、突然、もし、あなたが逮捕されたならば、警察の留置場に二十三日間も拘束されるのだということを覚悟しておかなければならないのです。なんと怖ろしいことでしょう。私たちの日常生活は、まるで砂で作ったお城であるかのように、とても、簡単に、崩壊してしまうのです。

長崎満さんは、朝の通勤電車の中で痴漢に間違われました。では、ここで問題です。長崎さんは逮捕されたでしょうか。もし、逮捕されたとしたら、何日間、勾留されたでしょうか。ちょっと、ここで考えてみてください。周防正行監督の映画『それでもボクはやっていない』を観られた方には、とても簡単かもしれませんね。

「その日、私はいつもと同じように西武池袋線の練馬駅八時一六分発の各駅停車に乗っていました。そして、鞄を体の前に両手で持って立っていたのです。電車が池袋駅のひとつ手前の椎名町駅を発車すると少しして、私の前に立っていた女性が、『やめろ』というようなことを大声で怒鳴りながら、鞄を持つ私の手をつかんだのです。私は一瞬なんのことかわからなかったのですが、ふっと、電車の揺れなどで体がぶつかったのかと思って『すみません』と謝ったのです。すると、女性は前にもまして怒り出して、私のネクタイを摑むと『逃げたらどうなるんかわかっとるんやろうな』と威したのです。

女性があまりにも興奮しているので、駅員を交えて話をしようと駅の事務室へ行ったのですが、駅員は私の話をまったく聞かずに警察官を呼んだのです。そして警察官は、『貴方を逮捕するわけでもなんでもない。ちょっと事情を聞くだけだから交番に来てほしい』と言い、私を池袋警察署の取調室に連れて行ったのです。取調べでは、『おまえは嘘をついているのはわかっている。早く白状しろ』と最初から犯人扱いで私の話などまったく聞いてもらえませんでした。私が驚いて『弁護士に電話させてほしい』と言うと警察官は、『おまえは逮捕されているんだ。そんな勝手なことをさせるか』と言ったのです。そしてその日から二十一日間勾留されてしまったのです。」（長崎満著「私は痴漢をしていません」、再審・冤罪事件全国連絡会編『えん罪入門』五八頁）

あなたの予想は当たりましたか。日本では、被疑者が犯行を否認をしていると、まず保釈を認めてくれません。ですから、やはり、二十三日間は覚悟しなければならないのです。

鈴木健夫著『ぼくは痴漢じゃない！――冤罪事件六四三日の記録』に収録されている、弁護士の升味佐江子さんの文章「『痴漢事件』は刑事司法ののぞきあな」には、痴漢だと疑われた人が、「逮捕・

勾留されたことを勤務先に知られたくない一心で、早く釈放されるために嘘の自白をする」という事例があることを紹介しています（三一三頁）。そして、「職を失い経済的精神的苦痛に耐えて、争って、争って、結局有罪になり、プライドも失って刑務所に行かざるを得ない人も少なくないのが現状でしょう」と述べ、「弁護人は痴漢事件の弁護依頼の電話を受けて接見に行くとき、依頼者がやっていないといったらどうしようと内心びくつきます。その後の苦難が想像できるからです」と解説しています。そして、「強制わいせつで逮捕されたけれども『やりました』と依頼者が認めた事件を受任し」たという友人の弁護士が、「被害者と示談して告訴を取り下げてもらい裁判もなくわずか二日で仕事が終わり『ほんとにやっている事件はラクだねえ』としみじみと語っていました」という実話を紹介し、「でも、これはおかしいですよねえ」という感想を述べています（三一〇頁）。

升味さんは、これに続けて、「ベテラン裁判官から転じられた秋山賢三弁護士と刑事弁護のベテラン佐藤義博弁護士」による、「痴漢裁判における冤罪の構図」という文章を引用しています。

「痴漢行為は、条例違反なら原則として罰金だし、強制わいせつ事案ならば親告罪であるから、真犯人であれば自分のしたことを認めて早期に示談をし、不起訴に持ち込む方が、『得』だと誰でも考える事案である。つまり、『起訴されてまで否認を通す』のは、まことに『割りに合わない』行為なのである。まして、昨今のように『否認すれば初犯でも実刑』という恐るべき裁判が横行しているとき、痴漢の真犯人が『狂言』的に無実を叫んで、弁護士を選任して痴漢裁判を闘うわけもない。痴漢を理由に起訴され、否認して争っている被告人は、概して前科・前歴がなく、きちんとした勤務先でまじめに働いているものがほとんどである。彼らは、やっていない痴漢行為を認めることがプライドにかけて許せず、正しい裁判を求めているのだ」（三二一頁）

話を元に戻しましょう。日本では、通常、被疑者の勾留時間は最長二十三日間であることはお分かりいただけたと思います。海外では、被疑者の勾留時間はどうなっているのでしょうか。弁護士の青木和子さんは、次のように報告をしています。

「オーストリアとイタリアの二カ国の調査であったが、オーストリアでは、逮捕から四十八時間以内、イタリアでは、二十四時間以内に警察の留置場から裁判所に連れて行かれ、その後は、警察の留置場に戻されることはない。

私たちが、ローマ県警本部の警察留置場を視察に行ったのは、金曜日の午前中だった。全部で十三室ある留置室には、誰一人留置されていなかった。誰も逮捕されなかったということではない。皆、裁判所へ連れて行かれたあとだったのだのである。警察留置場に留置される時間は、平均して十六時間から二十時間くらいとのこと。留置室は、簡単なベッドと洗面、トイレのみの、さながら『仮眠場』といった感じの部屋であった。

本来、警察留置場は、このように、逮捕された者を裁判官のもとに連れて行くまでの間、一時、留め置く場所にすぎない。

国際人権（自由権）規約第九条第三項は、刑事事件において逮捕又は抑留された者は司法官憲の面前に『速やかに』（promptly）連れていかれなければならないことを要求しており、その期間は『一、二日』（a few days）を超えてはならないとされる。

警察留置場は、本来、被疑者を勾留すべき施設ではないのだ。被疑者の捜査を担当する機関と、身柄拘束に責任を負う機関は、明確に分けなければならず、被疑者を勾留すべき施設は、捜査当局から独立した施設でなければならない。

そうしなければ、捜査に熱心であればあるほど、勾留期限を取調べに利用したいという誘惑にかられ、人権侵害が横行する危険性がある。従って、裁判所に連れて行かれた後に警察の施設に連れ戻されてはならないし、被疑者の勾留を捜査に利用することがあってはならない。これは近代刑事司法の大原則であり、国際機関や諸条約によって確認された原則である。

イギリス、フランスなど他のヨーロッパ諸国でも、おおむね警察拘禁の期間は原則として二十四時間からせいぜい四十八時間であり、日本のように警察拘禁が二十三日間続くのが当たり前で、場合によっては、別件逮捕、勾留とあわせて、何カ月にも及ぶなどという国は、諸外国にはない。」

（小池振一郎、青木和子編著『なぜ、いま代用監獄か』三〇〜三二頁）

日本においては、諸外国に較べて、被疑者の勾留時間が異常に長いことがわかりました。しかし、それだけではありません。

再逮捕について

警察および検察には、「再逮捕」という奥の手があります。二十三日間で、物証や証人が見つからず、自白が得られない場合、警察は被疑者を釈放せざるを得ません。しかし、釈放された被疑者を待っているのは、新たな別件逮捕なのです。

波崎事件においても、「再逮捕」が行われています。十月二十三日に、「生命保険」についての私文書偽造、同行使の容疑で逮捕し、十日間の検事拘置を二回して、十一月九日に、鹿島警察署で釈放をします。しかし、冨山さんが警察署を出たとたんに、保険金目当ての毒殺容疑で再逮捕をしています。

一九四八（昭和二十三）年十二月、熊本県人吉市で祈祷師一家の強盗殺人事件が起こりました。その犯人として、免田栄さんはまず窃盗事件の容疑で別件逮捕されました。いわゆる免田事件（→付録P.206）です。免田さんは拷問とも言える苛酷な取り調べを受けます。そして、一旦は釈放されます。

「しかし、警察から一〇〇メートルと行かないうちに、刑事の一人が自転車に乗って追いかけてきた。彼はポケットからピストルを出し、それで脅かしながら、もう一度警察に来いと、免田さんを連行してしまう。免田さんが『自白』したのは、そのつぎの日だった。いったん釈放されながら、また連れ戻されたことが、免田さんを、さらに絶望的な気持に追い込んだのかもしれない。」（佐野

洋、西嶋勝彦共著『死刑か無罪か――冤罪を考える』一五頁）

二十三日間を代用監獄のなかで、孤立無援に近い状態で耐えぬいた被疑者にとって、「再逮捕」という手法は苛酷なものです。また、この手法が濫用されるならば、拘留期間は警察と検察とによって、都合よく、恣意的に延長されてしまうことになるでしょう。そうなれば、被疑者の人権は全く擁護されることはありません。とても怖ろしいことです。しかし、実際には、その怖ろしいことがいくつも行われています。

その一つの例が、財田川《さいたがわ》事件（→付録 P. 207）です。この事件の容疑者とされた谷口繁義さんは神田《こうだ》農協強盗殺人事件で一九五〇年四月三日に逮捕されました。そして、殺人事件について自供をしたのは七月二十六日です。この逮捕から自供までの期間は、約三カ月、百日以上になります。この間、谷口さんに対しては、窃盗事件や暴行恐喝事件などの別件逮捕が悪用され、再逮捕、再々逮捕と身柄を拘束され、代用監獄での取り調べが続けられていたのです。

狭山事件（→付録 P. 211）においても、同じことが行われています。被疑者とされた石川一雄さんは、まず別件で逮捕されました。そして、二十三日後、ようやく保釈されましたが、それと同時に、警察は殺人の容疑で再逮捕をしています。このシナリオは波崎事件と全く同じものです。

また、一九七一年の「日石爆弾事件」と「土田邸事件」では、被疑者とされた増渕利行さんは四回も再逮捕され、六カ月以上も勾留されています。

代用監獄とは

「代用監獄」とは、警察の留置場のことです。こんな簡単な説明を聞いても、きっと、何もイメージできないでしょうし、何もわからないだろうと思います。私たちの大半にとって、「代用監獄」というところに入れられることは、まず、一生のうちに一度も経験することはないでしょうから。

しかし、「代用監獄」というところは、とても、怖ろしいところなのです。実体験するわけにはいきませんから、読者の皆さんは、周防正行監督の『それでもボクはやっていない』という映画をご覧ください。この映画を見ますと、「代用監獄」の感じがかなりわかると思います。

ノンフィクション・ライターの小林道夫さんは、次のように書いています。

「テレビ番組の定番ともいうべきいわゆる〝刑事モノ〟ドラマには、よく取り調べ室が登場します。実態は決してあんなものではなく、もっと凄まじいものですが、それは後で触れましょう。問題は、それに比べて留置場がまったくと言っていいほど出てこないのはなぜかということです。むろん、テレビ屋さんの判断は分かりません。ただし、留置場がとても茶の間に映し出せるようなしろものでないことはたしかです。

刑事から看守に引き渡された逮捕者は、留置房手前のロッカーの前で素っ裸にされて身体検査をされます。そこでベルトや靴下など自殺の道具となり得る長さのものは全部取られてゴム草履に履き替えさせられ、まことにだらしない姿で房へ入れられます。

房は常時看守が座っている監視台を中心にして（房は署の規模によって異なり四房から十五房ぐらい）扇型に並んでいます。梯形型の一つの房の広さは三畳程度、看守台に向かう前と後ろが金網を被せた鉄格子となっており、動物の檻と変わりありません。

房の奥の右か左に下から五十センチぐらいの目隠しがあるトイレがあります。大分中央署の房のトイレは自分で水が流せますが、古い施設はそうなっていないところもあり、その場合は「便水願います」と担当さん（看守）に声をかけ、監視台のボタンを押して流してもらわなければなりません。排泄している姿を他人から見られるだけでなく、排泄物さえ自分で処理できない屈辱感は経験してみなくては分からないと誰もが言います。

食事は、まず金網の下の食器穴から味噌汁やお茶を入れるためのアルミのボールが入れられ、次いでプラスチック容器のいわゆる官弁が投げ込まれます。むろんテーブルなどあるわけはなく、すべてじかに畳に置いて食べなくてはなりません。水を飲みたい時も、いちいち担当さんに頼まなければならず、容器はこれもアルミのボール。K氏は私に『犬のような気持になります』と書いてきています。

なんとも劣悪な環境と処遇ですが、豊かになったこの社会になおその劣悪さが維持されてきたのは、警察としてはこうしたあり方こそが必要だったからに違いありません。留置場というのは、被疑者の人間としての尊厳（自尊心）を徹底的に剝ぎ取って惨めな精神状態に追い込み、看守や捜査員に隷属せざるをえなくすると同時に、『なんとしてでもここから出たい』と思わせる〝自白を採

るための装置〟以外のなにものでもないのです。」（小林道夫著『日本の刑事司法』九〜一〇頁）

代用監獄というところは、だれにとってもとても厳しい環境ですが、女性にとっては、さらに苛酷な場所であると言えます。

「代用監獄の弊害として女性に対する暴力やセクシュアル・ハラスメントがある。

看守のほとんどが男性である。女性被疑者も男性看守が管理する代用監獄にほうり込まれる。取調べ時を除いてすべての時間を過ごす場だ。昼間は女性看守がいる場合でも、夜間は男性だ。

看守から丸見えのトイレ。長いものは自殺に使えるという理由でブラジャーを取り上げられたまま。生理用品の処理も男性看守。洗濯した下着も男性看守の前に干す。男性看守からわいせつな言葉をあびせられる。突然からだに触られる。他の男性被疑者の前で氏名や住所を読み上げられた例もある。

挙句の果てに強姦事件だ。静岡の三島署事件では、女性被疑者に睡眠薬を与えて、眠っているすきに強姦してしまった。犯人（看守）はもちろん免職となり、有罪判決を受けた。しかし、問題は解決していない。密室状態の代用監獄に女性を留置しておきながら、夜間に男性が鍵を管理しているることに問題があるのだ。暴力が振るわれなくても、女性にとっては代用監獄の現実は拷問である。」（前田朗著『人権ウォッチング』一九四〜一九五頁）

弁護士の五十嵐二葉さんは、次のような解説をされています。

「人は誰でも自立して誇りを持ち、プライバシーを保って社会生活をしている。それがある日突然、手錠をかけ、腰ナワでしばられて連行され、裸にされて検査され、トリカゴのような奇妙で人間性を傷つける空間に入れられる。これまでは一家の主人として振舞ってきた人も、たいせつな息子だった人も、ここでは年下の看守からでも名前を呼び捨てにされ『山田、ここへ入れ』とか『田中、壁によりかかるな』とか動物のように命令される。

二四時間、いつでも看視され、座っている姿勢から、寝る、起きる、食事する、顔を洗うということまで、まったく自分の意思を無視して強制的にさせられる。体験者によるとこれはたいへんなショックで、そのために下痢がつづいたり便秘になったり、めまいがしたりする。

作家であり、精神医学者でもある加賀乙彦氏によると、人間は突然異様な環境の中に投げこまれ、このように何から何まで他人に管理されると、ふだんは表面に出ている高等な精神活動が脱落して、その下に隠れていた下等な精神活動が表に出てくるという。すると幼児が母親の言うことをきくように、自分を管理し食事を与え、寝起きをさせ、おむつの世話をする人の言いなりになるようになるという。

留置場生活の中に置かれただけで、人は警察の支配体制の中に組みこまれてしまうのだ。」（五十嵐二葉著『代用監獄』一一三～一一四頁）

代用監獄を利用した取り調べでは拷問が行われています

日本の冤罪のほとんどには、代用監獄という監禁状態の中で作られた自白があります。

青地晨さんは、戦前に「横浜事件」と呼ばれる言論弾圧のための「でっち上げ」事件の被疑者として逮捕され、拷問を受けた体験を持っているジャーナリストです。彼の『冤罪の恐怖――無実の叫び』には、次のように書かれています。

「私は、戦後、少なくとも新刑事訴訟法が施行されてから、拷問はあとをたったと考えていた。憲法第三十八条第二項には、『強制、拷問若しくは脅迫による自白又は不当に長く抑留若しくは拘禁された後の自白はこれを証拠とすることができない』とあり、刑事訴訟法第三百十九条第一項には、『強制、拷問、又は脅迫による自白、不当に長く抑留又は拘禁された後の自白は、その他任意になされたものでない疑いのある自白は、これを証拠とすることができない』と定めているからである。

ところが、この本を書くため事件を調査するうち、戦後も拷問が決してあとをたっていないことを知った。横浜事件のように『殺してもよい非国民』という気構えで、言語に絶する激しい拷問がおこなわれたわけではない。戦後の係官は、憲法や新刑訴法を知らないわけではない。拷問が法律にふれることは、十分に知っている。だから傷あとなどのように後に証拠が残るような拷問は避け、もっと巧妙で、知能的な方法で、拷問の効果をあげようとするわけだ。

その一つに正座がある。正座の習慣のない容疑者を床の上に正座させ、その苦痛に耐えがたくするのである。それは合法的な拷問だといってよい。正座させたからといって、世間では拷問と思わない。むろん法廷にもちだされても、裁判官は拷問とはみとめない。
だが、正座の習慣がないものが、長時間、正座を命じられて、どんな苦痛を味わうかは、ためしに床の上にまる半日間、正座してみればわかることだ。」（六七〜六八頁）
波崎事件の被告である冨山さんには自白はありませんが、他の冤罪事件と同様に、代用監獄を利用した取り調べは行われています。そして、もちろん、拷問に近い取り調べも行われています。
一審の水戸地裁の第二十三回公判（一九六六年四月）において、冨山さん自ら、取り調べに当たった警察官、大砂文作に対して尋問をしています。このやり取りを読みますと、代用監獄での取り調べの様子がよくわかります。（注記　読み取れない文字については、「＊」を使用しています。）
被告人〔冨山さん〕　日は忘れたが、鹿島署へ私の妹で青梅へ嫁いでいる妹から手紙が来たと教えてくれたことがありますね。
大砂　あります。
被告人　その手紙の内容を覚えていますか。
大砂　この事件のため縁談がこわれてしまった。あった縁談も断ったという様なことが書いてあったと思います。

被告人　この事件をジャーナリストにセンセーショナルに取り上げられては困る。末の妹の縁談がこわれ、その他の親戚でも困っているから、できれば新聞記者の人達に云って余り大きく取り上げないようにしてくれ、あの兄は非常に子供好きで優しい人で、そんな悪いことをする人ではない、親戚の者は全部そう信じている、家でも七五三のお祝いがあり、兄に来てもらうつもりでいたところが来て貰えない。新聞記者に頼んで興味本位に書かないでくれということでしたか。

大砂　新聞記者の発表は、できればしないでくれということが書いてあったと思います。

被告人　その手紙を持って来て聞かせてくれたのは、どういう目的で聞かせてくれたのですか。

大砂　肉親の者が心配しているんだということを伝えてやるためです。

被告人　そのとき、証人〔大砂氏のこと〕はこの野郎、妹不幸の野郎、いくら手前の妹に頼まれても、報道の自由というものがあって、書くものをとめられないのだと云ったのですが、覚えていますか。

大砂　報道の自由を警察の権力をもってしてもとめられないのは当然のことです。

被告人　更に、証人は手前の妹から虫のよいことを頼まれても、われわれは法律できまっていることをとめられないし、それればかりじゃないんだって、手前の考え一つで、門前逮捕と云って、手前をわざわざ賑やかな通りに連れて行って釈放し、前から足がらみにかけて傷だらけにし、ひっくり返して泥だらけにして、そこを新聞記者に写真をとらせて全国に大々的に報道することができるんだぞ、この野郎と云ったことがありませんか。

大砂　ありません。被告人は証人に対して一方的に強く出たがそういう事実はなく、又やっていません。

被告人　やらないが、そういうことができるんだと嚇したことがあるでしょう。

大砂　そういう常識はずれのことをやった記憶はありません。

被告人　日は忘れたが、冨山、いつまでもこんなにいがみ合っていても仕方があんめい、この際ハワイ屋の方だけでも認めてくれたらどうかと云った覚えがありませんか。

大砂　どういう際でしょうか。

被告人　どういう際であったか、わかりません。

大砂　（答えない。）

被告人　証人は俺達は手前のお札の数を殖やすばかりが能じゃない。それ一つさえみとめてくれれば、俺達の顔が立つし、証し立てする必要もない、そういうところで手を打ったらどうかと云ったことがありませんか。

大砂　私は、そういう妥協的な取調べをしたことはありません。

被告人　それに対して、私がいんぎん無礼に断ったら、証人は怒って恐怖を感ずる様なことを云ったのですが覚えていますか。

大砂　いんぎん無礼とは具体的にどんなことでしょう。

被告人　ありがたいですけどもと云って断ったのです。そしたら証人がなんだ人を馬鹿にしてと怒って命は一つしかないんだぞと、この野郎と云ったのですが、覚えていますか。

大砂　覚えていないし、そういうつじつまの合わないことは云いません。

被告人　私が命が一つしかないというのは、どういう意味かときいたら、証人はこの野郎、人の揚げ足をとるつもりか、命が一つしかないということがそんなにおかしいか、それとも命が二つあるばけものでも知っているのか、俺がいうのは手前がいうようなことを云ったのじゃない、ハンストなどやらずに、食う物を食って、体を丈夫にして、堂々とやれという意味なのだと云って逃げたのですね。

大砂　殺人事件かハワイ屋事件のいずれか一つを認めろという様な妥協的な取調べはしたことはありません。

被告人　手前は叩けばほこりの出る体だ。詐欺だ、カラスだ、凶作だといくらでも出る、だけど数は一つだけにとどめてやる、手前はありがたい御世に生まれたからみようが〔冥加〕を並べていられる、これが戦前であってみろ、手前ら五体満足でいられなかったんだぞと、折りにふれて何回も云われたのですが、覚えていますか。

大砂　（答えない。）

被告人　そのときのやりとりと思いますが、私がいうことを聞いてくれず野暮な嚇〔おどし〕を云って調べをするからハンストをするんだと云ったら、証人がなに、ていせい〔体裁〕のよいことを云っている、手前のいうことをはいはいと聞いてま＊ような取調ができるか、ハンストは調べに手心を加えて貰うためにやっているんだろうと云ったことを覚えていませんか。

大砂　覚えていません。

被告人　私を取調べた方法ですが、午前と午後、或いは夜というように、二交替、三交替で調べたことがありませんか。

大砂　昼間と夜と調＊が交替で調べたことはあります。
被告人　私がハンストに入ってから、特にそうした調べ方をしたのですが、覚えていませんか。
大砂　被告人がハンストに入ってから＊は、調べというより被告人の健康の維持に重点を置いていました。
被告人　そういうことは全然なかったんじゃないですか。手前に動かれなくなってからでは、調べができないから、今、調べておくと云って、三交替で調べたのではないか、それまでは昼休みが一回あったのに、ハンストに入ってから三〇分に短縮したんじゃないですか。私の弁当を調べ室へ持って来ておいて、腹がへったらいつでも食えと云って、昼休みの時間を短縮して調べたのではないかね。
大砂　ハンストに入ってから、調べの時間を長くしたとか、その他、被告人が云ったような極端な取調べをしたことはありません。
被告人の弁当は従前とおり食べられるようにしておきました。
大砂　私がハンストをするについて、目的をはっきり云った筈ですが、覚えていますか。
大砂　自分の主張が通らないから、ハンストすると云ったと思います。
被告人　私のいうことを聞いてもらえない、これまでの様に、一方的に嚇されて調べられたんでは、万が一のことがあったとき、無実の証を立てられないから、ハンストに入るんだと云ったことを覚えていますか。
大砂　それは調書にしてありましょうか。
被告人　おそらく調書にしてないでしょう。

大砂　記憶しておりません。
被告人　証人らが、命の保障はできないとか、命は一つしかないんだというようなことをいうので、私がなんらかの形で否認したら、殺されるのではないかと恐怖を感じて、ハンストをするんだと云ったのですが、覚えていませんか。
大砂　（答えない。）
被告人　ハンストに入ってから、私はときどき水を貰って飲んだが、その中に薬品のような物を入れて、飲ませたことがあるんですか。
大砂　被告人に対する食事その他の給与等は所轄署員がやり、私らは担当しなかったのでわかりません。
被告人　証人が調べたとき、薬品を入れたことはないのですか。
大砂　薬品とは具体的になんでしょうか。
被告人　栄養剤の様な物ですが。
大砂　私はやっておりません。

以上のような、警察官、大砂文作への尋問と合わせて、次の、水戸地裁の第二十二回公判（一九六六年三月二十四日）において、被告人である冨山さん自らが行った、取調べに当たった警察官、市毛勝に対する尋問をお読みください。

被告人　先ほどの質問の中に、私が小林多喜二のように獄死するんだと言ったというんですが、あれは何かの記憶違いじゃありませんか。

市毛　記憶違いじゃありませんです。

被告人　私はあんた達の調べが余りにひどいので、これでは小林多喜二のように殺されてしまうんじゃないかと言ったんじゃありませんか。

市毛　そうじゃありません。

被告人　弁護士に連絡してくれと言ったときに、私は小林多喜二のように殺されてしまっても、このままでは冤罪がはれないで、自殺したとか、何とか、勝手なことを言われたんでは、俺は、うかばれないから弁護士さんに連絡してくれと言ったんですが。

市毛　証人は、そのようには聞いておりません。

被告人　ハンストに入る前、私はそうすると死ぬと言ったんですか。

市毛　獄死すると言ったんです。

被告人　私は、命もうけあえないとか、何とか言われたから、このまま殺されてしまったんでは、うかばれないから、その前にはっきりと、こうした事実を弁護人を通じて家の人やなんかに知ってもらってから、私はハンストに入ると、そう言って頼んだんじゃなかったですか。

市毛　そうではないです。

被告人　先ほど、窓等をよく見たと言ったけれども、後ろにある窓等を私は見た覚えはないんですが。

市毛　後ろに窓がありました。
被告人　あったけれども、窓なんか向く余裕もないほど、回りから大きな声でどなられ、どなられ、いたんですから、覚えはないんですが。
市毛　そういうのは、どなったりなんかして調べてないから、そういうことはないです。
被告人　それから一番最初、二十三日の午前中、大内刑事に私文書偽造の件に関して調べられたんですが、その午後、大砂刑事と鈴木刑事とあんたの三人で、私を調べたときに、手前はずい分、薄とぼけたやろうだなと言った覚えはございませんか。
市毛　二十三日は、私は石山むつさんを波崎の派出所で聞いておりましたので、そういうことは覚えありません。
被告人　とにかく、手前は、ずい分、薄とぼけたやろうだなという調べ方をしたことあるでしょう。
市毛　私はそういうことは申しません。
被告人　それで、私が、どうしたんですかと言ったら、しらばくれるんじゃない、手前は、大内係長に、どうしてお前はここへ連れて来られたんだか知っているかと言われて、私文書偽造の件で来られたと言ったじゃないかと言ったので、私は言いましたと言ったら、俺等三人が雁首をそろえているのに、そんな事件でかけ歩いていると思っているのかと、そんなことを言った覚えがありますか。ありませんか。
市毛　そういう覚えはありません。
被告人　ずい分、このとき三人に、ばかやろう、でれすけと、どなられたんですけれども。

市毛　そういう卑劣なことばで調べるようなことはしなかったです。
被告人　それから逮捕状のことだと思うんですけれども、おふだ〔逮捕状のこと〕の手前、大内係長に頼んで、一応、そいつの調べは済んでいるから、俺はそのことについては、調べないから、安〔夫〕のことについて聞くから覚悟を決めて返事をしろと言ったこと覚えありませんか。
市毛　そういうことを言った覚えはありません。
被告人　ただ初めに、はっきりと申し渡しておくけれども、手前はな、下手なごまかしをしても、絶対、我々には通用しないからな。手前は、わなにかかったけだものと同じだ。絶対、我々の手からのがれることはできないと、こういうことを言った覚えはありませんか。
市毛　ありませんです。
被告人　それで、安夫が私の家から帰宅した時間について、私が十一時四十五分以後にはなっていないと言ったら、それはそうでないと、十二時十五分であると、はっきりした証人がいるからと言われたので、私が違いますと言ったら、机を叩いたり、私のすわっていた椅子をけとばしたり、これは鈴木刑事ですが、そんな調べ方をした覚えはないですか。
市毛　覚えないです。
被告人　調書は、私の言ったことをすべて代書したにすぎないと先ほども証言しましたけれども、私が一言ぐらい言うと半ページも一ページも、私が知らないことまで書いていってしまうんですが、それでも、私の言った通りに書いたということになるんですか。
市毛　被告人は、自分に有利なようなことを言いますが、あなたは机から体をのり出して、私の書くのをいちいち見ながら、私が暗誦しながら書いたこと、あんたはよく知っているわけです。そして、送りがなをつけるとか、つけないとかいうようなことまで、あんたは見ていて、どだい、被告人は、そういうことについて承諾するような人ではないんじゃないですか。それは、私、ここで、はっきり申し上げます。

被告人　承諾しないことを書いても、私の言った通り書いたということになるんですか。

市毛　いや、被告人が言う通りに、私が書いたのです。それに間違いありません。

被告人　それで十月二十七日以後は、余り取調べがひどいんで、弁護士と会うまではしゃべらないからと言って、それから、ずっと、黙否していたんです。そしたら黙っていても、こうだ、ああだと言って書いていたんです。それに対して、私、全然、返事をしなかったら、お前は俺がこうだと念を押しても黙っている、黙っているということは肯定とみなすからなと言って書いていったでしょう。

市毛　それは、弁護人に会わなければ言わないということで、あんたが言ったんです。何も、私達があんたを脅迫したり、あるいはおどかしたりしてやったようなことは全然ないわけです。先ほど鈴木刑事が机をけとばしたというようなことですが、あの鈴木中庸部長というのは、本当に寡黙考で、おとなしくて、警察官にも評判のよい方でありまして、本当に、おとなしい刑事です。

被告人　あんたは机を叩いたりなんかしたことありませんか。

市毛　私はもちろんありません。

被告人　百メートルぐらい聞こえる大きな声で、違うんだと、このやろうと言って、机叩き叩きやったことありますか。ありませんか。

市毛　そういうことはありません。

被告人　それで、最後に調書を読んで聞かせてくれて、私は、そういうことを全然言った覚えがないと言っても、それなら、なんで手前、俺がさっき書いているときに黙っていたんだと言って、書き終わってから取上げないで署名だけ強要したということはありませんか。

市毛　そんなことはありません。

被告人　手前は、死ぬまで、絶対、ここから出さないと言ったこともありませんか。

市毛　そういうことはありません。

被告人　そのときに、私が、そういうことができるんですかと言ったら、できるとも、手前のことについては、我々の三人の命と首がかかっているんだと言ったこともないですか。

市毛　そういうことは、言う必要もないし、言ったこともありません。

被告人　それならば、あんたは、自分の言ったことは、調書に載らないから、何言ってもかまわないんですかと言ったら、そんなことはないと、手前が書いて欲しければ書いておいてやるからと言ったことないですか。

市毛　そういうことはありません。

被告人　それならば、私が死ぬまで絶対出さないと言ったと書いて下さいと言ったら、あんたは書いてやると言って、手控えに書いたことないですか。

市毛　そういうことはないです。

被告人　あるわけですが、ないですか。
市毛　ないです。
被告人　それで、私が、それを見せてくれと言ったら、私のところへ見えるように出して、絶対に出さない市毛と書いてあったんです。そういうことはないですか。それで、それはあんたが言った通りじゃないんじゃないですか。死ぬまで絶対出さないと言った通り書いてないでしょうと言ったことないでしょうか。
市毛　そういうことは、絶対ないです。
被告人　そうしたら、あんた、おこり出して、このやろう、ふざけたやろうだ。取調べ官を脅迫するんじゃない、いいから指印押せと言って、私の指を七、八センチぐらいの大きな朱肉の中へつけて、七つか八つ、私の手をつかんで指印押させたでしょう。
市毛　そういうことはありませんです。
被告人　ないわけないでしょう。よく考えて下さい。
市毛　わかっておりますから、ないと思います。
被告人　私が、あんたに、それを書いてくれと言ったとき、このやろう、人のあげ足なんか取る気になりなりやがって、手前がそんな考えなら、俺にも考えがあるぞと言って、人権だの、民主主義だの、しゃばの戯言《ざれごと》が通用するかどうか、わからしてやるということは、言った覚えありませんか。
市毛　そういうことは、言った覚えないです。

波崎事件では、冨山さんは一貫して無実を主張し続け、自白をしませんでした。そして、法廷において代用監獄で拷問されたこと、長時間の取り調べを受けたことを証言しました。それに対して、冨山さんの取り調べをした警察官たちは全員が拷問をしていないと証言しています。それは、財田《さいた》川《がわ》事件での警察官たちの証言と共通しているものです。警察官たちは平気で偽証をし、お互いにかばいあいをするのです。

「自白は証拠の女王である」とは

「自白は証拠の女王である」ということわざを、読者の皆さんもきっと、聞いたことがあるだろうと思います。しかし、このことわざの意味を、はたして、正確に理解されているでしょうか。

『自白は証拠の女王』――『証拠の王』と言う人もいますが、フランス語の証拠（プルーヴ）は女性名詞だから『女王』――という有名な法諺《ほうげん》は、日本の多くの法律家が引用して言っているような『自白中心主義』『自白さえ奪えば他に大して証拠が無くても有罪にすることができた』という意味では全くありません。『二人以上の良質な証人の良質な目撃証言の完全な一致は、滅多に手に入らない『珍鳥』であって、殆んどの場合、他に如何なる有力な証拠があっても自白が無いと有罪にできないという意味で、自白は有罪か無罪かの運命を握る鍵だ』ということの比喩です。将棋に譬えれば、相手の玉をあと一歩まで追い詰めたが最後の一着となる駒が無いと詰まない、その最後の駒が自白だ、ということ。あるいは、宮廷の会議でも儀式でも身分の低い家来から順番に入場して全員が整列し終えた所で最後に女王様がお出ましになり玉座にお着きになるように、すべての証拠が調べ終えられて最後に自白がお出ましになれば有罪が決まる、ということです。」（沢登佳人著『刑事陪審と近代証拠法』三六頁）

沢登先生は、このように、明快に説明されています。ところが、生田暉雄弁護士が説明されていますように、「日本の捜査は、この三段階を区分せずまた三段階別の任務を定めず、一貫して特定の捜査班ないし捜査員が担当します。そうすると、どうしても、第一、第二段階で犯人とおぼしき人物について逮捕可能な程度の証拠を収集するにとどまり（つまり、第一、第二段階を手抜きし）、後は犯人とおぼしき人物を逮捕、勾留して自白を求め」（伊佐千尋著『島田事件』解説、一七四頁）ることになります。見込み捜査、別件逮捕、「代用監獄」という監禁状態での取り調べ、自白の強要というう、いつものシナリオが進行していくことになるわけです。

ミランダ・ルールについて

警察は、私たちの多くが、法律について無知であることを利用します。そのために、日本では、基本的人権を侵害するような捜査や取り調べが横行しています。しかも、警察自身は、そのような冤罪を生みやすい体質を持っていることと、その危険性について、とても鈍感になっています。このような日本の刑事司法のあり方を改善していくには、少なくとも、二つのことをしていかなければならないだろうと思います。一つは、私たち一人一人が法律について学ばなければならないということです。その点では、「裁判員制度」という市民の司法参加は大きな役割を果たして行くだろうと思います。もう一つは、日本においても「ミランダ・ルール」を確立し、実施することだろうと思います。

ノンフィクション作家である伊佐千尋さんの「私と陪審制度」という題の講演から引用します。

「では、英米では、どのような取り調べの方法をとっているのでしょうか。

インコミュニカードウ〔監禁状態〕を利用して女性を口説けば、これは犯罪になります。被疑者を外界から遮断して取り調べるのは憲法違反ですし、司法の廉潔《れんけつ》を汚すものです。みなさんは、向こうのテレビ・ドラマなどで、警察官が被疑者を逮捕するさい、ミランダ・ライツというのを言い聞かせている場面をご覧になったことがあると思います。

身柄を拘束して、何か尋ねるまえに、まず黙秘権があること、供述すれば不利益な証拠となりうること、弁護人の立ち会いを求める権利と、金がなければ公費でつけてもらう権利があること、以上四つの項目を相手がわかるようにやさしい言葉で、しっかり知らせるのです。黙秘権とか弁護人依頼権などという固い言葉は使わず、小学生にもわかるような説明です。（中略）

このミランダ告知は、アメリカ合州国最高裁判所が、被疑者の権利を実質的に保障するため、ミランダ事件の判決に明記した準則です。わが国のように『絵に描いた餅』ではありません。これに違反しますと、警察はたとえ自白をとっても証拠とすることが許されません。これを怠ったがため被疑者がすぐ釈放されて、逮捕した警察官が腹を立てるシーンを先日もテレビで見たばかりです。

それほど常識的になっており、リードさんというアメリカの弁護士によれば、刑事弁護士の仕事は、まず、警察官に自分のいないところでは取り調べをはじめないよう、また依頼人にも応じないように言っておき、

『自分がいないところで取った自白は、いっさい認めない』

と警察に警告しておくことが第一なのだそうです。

法廷へ提出しても証拠にならないのであれば、警察はそんな骨折り損はしませんから、捜査はしぜん自白中心主義から脱却して、近代的科学捜査に転じるでしょう。逆に、裁判所がこれを証拠として採用するならば、警察は自白をとることばかりに熱中して、怠惰な検察官を増やし、江戸時代そのままの旧態依然とした捜査方法から一歩も出ないでしょう。」（新潟陪審友の会編『市民の手に裁判を』一七九～一八二頁）

「ミランダ・ルール」とは、被疑者の「身柄を拘束して、何か尋ねるまえに、まず黙秘権があること、供述すれば不利益な証拠となりうること、弁護人の立ち会いを求める権利と、金がなければ公費でつけてもらう権利があること、以上四つの項目を相手がわかるようにやさしい言葉で、しっ

かり知らせる」ことです。このルールは、監禁状態での取り調べを禁止するものです。監禁状態での取り調べは、拷問その他の人権侵害を引き起こしやすいからです。そのことは、日本の「代用監獄」の実態が明々白々に証明しています。

黙秘権は確立されていません

じつは、「ミランダ・ルール」を実施しても、日本においては、残念ながら、私たちは安閑としていることはできません。

「私たちは憲法（第三八条一項）で、『何人も、自己に不利益な供述を強制されない』ことを保障されており、それを受けて刑事訴訟法（三一九条）は、『強制、拷問又は脅迫による自白、不当に長く抑留又は拘禁された後の自白その他任意にされたものでない疑のある自白は、これを証拠とすることができない』と規定しています。そこで捜査の手続きにも、被疑者に対しての供述拒否権の告知を義務づけています。

ですから、供述調書の冒頭には必ず『本職は、あらかじめ被疑者に対し自己の意思に反して供述する必要がない旨を告げて取り調べたところ、任意次のとおり供述した』と書かれています。事実それは口頭でも伝えてはいます。ところが実態は、その舌の根も乾かぬうちにバーンと机を叩き、

『警察をなめるんじゃねえぞ！　言わねえんならいつまでもいてもらうぞ』といった調子で自白の強要が始まるのです。

しかも、黙秘権はあると言われても（初めに引いた刑事訴訟法一九八条の但し書を逆に解釈しての）逮捕された被疑者には取り調べを受ける〝受任義務〟があるという前提の中での黙秘権ですから、刑事と向き合うことは拒否できず、その上で黙っているということになるわけで、これはなかなかできることではありません。」（小林道夫著『日本の刑事司法』一六〜一七頁）

弁護士の竹澤哲夫さんも、国家公務員の争議禁止にふれる勤務時間内集会に参加したという容疑で逮捕された裁判所の書記官が、代用監獄を悪用した取り調べで黙秘権を行使することが困難であったという事例を述べています。（『戦後裁判史断章――一弁護士の体験から』一〇二頁）

警察は証拠物を捏造します

警察は証拠物を捏造《ねつぞう》します。読者のなかには、えっ、と驚く方もきっといることでしょう。私にとって、一番、印象に残っているのは、狭山事件（→付録P. 211）の万年筆です。警察は石川一雄さんの家を二回にわたって徹底的な家宅捜索をしましたが、万年筆は発見されませんでした。しかし、「勝手口の鴨居の上においてある」という石川さんの「自白」がなされた直後の家宅捜索において、突然、万年筆は発見されたのです。この万年筆のインクはブルーブラックでした。しかし、被害者が事件当日、学校で万年筆を使って書いたペン習字のインクの色はライトブルーでした。彼女はいつも、ライトブルーのインクのみを使用していたからです。また、一年前に購入されたものですから、十分に使い込まれていたはずですが、科警研（科学警察研究所）の鑑定によれば、「発見」された万年筆は「使用頻度が非常に少ないもの」と判断されました。つまり、鴨居の上に発見された万年筆は被害者の物ではなかったのです。つまり、この万年筆は警察が石川一雄さんを犯人に仕立て上げるために捏造《ねつぞう》したのです。

弘前大学教授夫人殺し事件（→付録P. 214）でも、証拠が捏造されています。最初に行われた北、平嶋鑑定では、被告人の那須隆さんが着ていたとされる開襟白シャツに付着していた血痕は一カ所、色は「帯灰暗色」でした。それが鑑識係と東北大学教授三木敏行さんに鑑定が嘱託されたところ、なんと、血痕は十一カ所に増え、色は赤褐色に変わっていました。

波崎事件においても、警察は証拠物の捏造をしようとしました。警察は、被告人の冨山さんの家から遠く二十キロ以上離れている茨城県那珂湊市にある生家の家宅捜索を行いました。その際、風呂場の片隅から入浴剤の瓶を一本、押収しました。その瓶が汚れており、製品名のレッテルが不明瞭であることから、その瓶の中に残留物があることをありあわせの板の上に空けて確認し、それをもう一度、瓶の中に戻しました。そして、押収品目録に「青酸カリらしき薬品物」と記入し、その場に立ち会った被告人の母親に署名捺印させたうえで、持ち帰りました。その直後、別棟の捜索に立ち会っていた冨山さんの弟が押収品目録の写しに「青酸カリらしき薬品物」という記入があることに気づきました。そして、直ちに、鹿島警察署の署長に電話をし、その場に残されていた入浴剤の残りを保存してあり、それは単なる入浴剤の残留物にすぎないということを連絡し、警察官がこのような不穏当な記入をするのは証拠物の捏造に当たるものだと厳重な抗議をしました。

上田誠吉、後藤昌次郎共著『誤まった裁判』には、菅生事件（→付録P. 217）が報告されています。「市木春秋」という人物がカンパをするからと偽り、一人の日本共産党員を現場に呼び寄せておき、駐在所を爆破した「現行犯」として逮捕しました。二人は、一審では有罪判決を受けました。しかし、控訴審の進行中に、弁護団は、この事件は警察によるデッチあげであると発表しました。すると、マスコミ各社は一斉に「市木春秋」探しをしました。警察は、真犯人をかばい、隠し続けましたが、マスコミ各社の追及が厳しく、隠しきることができませんでした。その結果、彼は逮捕され、戸高公徳という現職の警察官であることが判明しました。

また、爆発現場を調査した正木ひろし弁護士が「内部爆発説」を主張しました。それをうけて、東京大学工学部の山本祐徳教授によって鑑定がされました。それによって、駐在所の内部にあらかじめ仕掛けられていたものが爆発したのだということが証明され、この事件が警察の謀略であることが立証されたのです。まったく信じられないことですが、事実なのです。

警察は証人を買収したり、捏造したりします

警察は証人を買収したり、捏造したりすることがあります。波崎事件では、冨山さんの内縁の妻である、石山むつさん、友美さん親子に対して、警察は常識では考えられないような買収行為をしています。

水戸地裁第十八回公判（一九六五年十月七日）における、検察官による警察官、大内朝吉に対する尋問をお読みください。

検察官　証人は本件の重要な参考人である石山友美に対してお金を贈ったことがありますか。
大内朝吉　あります。
検察官　それはいつ頃どういうわけで渡したんですか。
大内　それは昨年（昭和三十九年）の二月頃と記憶しています。石山友美が中耳炎で水戸の大谷耳鼻咽喉科に入院したような話を聞きましたので見舞いとして贈ったわけです。
検察官　二千円というのは、あなたが全額出したんですか。
大内　いえ、これは私一人ばかりではないんです。実はこの捜査に関係した捜査一課当時勤務の市毛勝警部、現在は石岡警察署勤務ですが、それから捜査一課勤務の鈴木中庸、それから当時捜査

一課勤務でありましたが、現在水戸署勤務の大砂巡査この四名が贈ったわけです。
検察官　一人が均等に出したんですか。
大内　そうです。
検察官　そうすると五百円づつですね。
大内　そうです。
検察官　これを持っていったのは証人ですか。
大内　はい私が持っていきました。
検察官　渡した相手は誰に渡したんですか。
大内　石山むつなんです。
検察官　そうすると、入院中と言いましたから、病院に持っていったんでなく、お宅に持っていったんですね。
大内　そうです。当時病院というのは何処の病院に入院したか聞かなかったので、自宅の方へ持っていったんです。

次に、水戸地裁第十八回公判（一九六五年十月七日）における、検察官による石山むつさんに対する尋問をお読みください。

検察官　何を貰ったんですか。

石山むつ　二月に病気見舞いとしてお金を頂きました。
検察官　金額はいくらでしたか。
石山　二千円かな、そんなに記憶しています。
検察官　その時他に何か貰ったものはありませんか。
石山　はい、あります。
検察官　どんなもの。
石山　友美の靴下を貰いました。
検察官　それはお金と一緒に貰ったんですか。
石山　別です。
検察官　そうすると別の機会に貰ったんですね。
石山　はい。
検察官　じゃついでにそのことを伺いますが、靴下はいつ貰ったんですか。
石山　友美が二回目に病気になった頃だと思います。寒い頃ですね。ですから三十九年十一月頃と記憶しています。

波崎事件では、現金のほかに、靴下、缶詰、ブラウス、シミーズなどの物品が、捜査を担当している警察官たちから石山むつさん、友美さん親子に贈与されています。
そのうえ、この尋問を担当した警察官たちは、石山むつさん、友美さん親子が裁判所に証人喚問されている時は、調書とは異なる内容のことを言わないように監視するためでしょう、必ず傍聴席に姿を見せ、いろいろと石山さん親子の世話をしました。

ポリグラフ検査は悪用されています

「ポリグラフ」とは、いわゆる「嘘発見器」のことです。ポリグラフ検査については、武谷三男編『狭山裁判と科学』の中にとてもわかりやすい説明がありますので、それを以下に引用します。

「人間は嘘をつこうとすると、どうしてもその嘘がばれはしないかという心配が心の中で生じます。ですから、心理的に動揺してしまうのです。そのために、自分の意志では押えることのできない身体的変化があらわれるといわれています。身体がふるえたり、顔色が変わったり、のどがかわいたりするのです。外的な変化が現れない場合でも、先に述べたように、呼吸や脈拍の乱れや、汗や唾液の分泌が多くなったりといった変化も現れます。このような変化は、嘘が発覚すると、刑罰を受けることをおそれる犯罪者の場合には、特に強く現れるといいます。重い犯罪を犯した人ほど強くなるものとされています。ポリグラフ検査はこれらの変化のうち、呼吸・心脈波（血圧と脈拍の変化）および、皮膚の電気反射などを調べるものです。

この変化を見るためには、検査官が、質問したことについて、『はい』とか『いいえ』とか答えさせます。返答した時に現れるそれらの変化記録が自動的に記録紙に書きあらわされるようになっているのです。特に皮膚の電気反射を見るのが、一番信頼性が高いと言われています。呼吸や脈搏などでは、変化が遅くて、判断にまようことが多いのですが、電気反射は、短い時間に鋭く反応するので、判断しやすいからです。人間の身体にはりめぐらされている末梢神経や自律神経が嘘をつくことによって興奮します。そのために皮膚の電気抵抗や皮膚に無数にある汗腺の活動する電圧に変化が現れるのです。

もちろん、変化が現れたから、直ちに嘘だということにはなりません。その変化が、その質問による回答によって現れたのであって、そのほかのことが原因でないことをまず確認しなければなりません。検査室が、さわがしかったり、暑すぎたり寒すぎたりしてはいけませんし、検査されている人がいたずらに不安がるようでは、よい結果は得られません。ドアがノックされる音にすら、心理的な影響を受けるからです。

検査室が理想的な状態であったとしても、質問事項が適切でなければならないことは言うまでもありません。事件発生後、日数が経過していたり、事件に関係のある具体的な内容や、類似の内容などが、検査される人に知られているようでは、意味がありません。ポリグラフ検査にとって、早期検査、質問事項の充分な準備、実施場所の環境などが特に重要な条件であると言われるのはそのためです。」（武谷三男編『狭山裁判と科学』二二七〜二二九頁）

このように、ポリグラフ検査とは、かなりデリケートなものであり、使用にあたっては注意深く扱う必要があるものです。しかし、警察は、ポリグラフ検査を悪用します。被疑者から自白を手に入れるための方法として利用するのです。

「『ポリグラフ検査ではこんな結果を示しているぞ』『嘘をついても、器械はだませないぞ』と自白に追い込むわけです。器械に弱い人にとっては、まさに『心理的拷問』を受けているのと同じ効果を示すのです。」（武谷三男編『狭山裁判と科学』二三〇頁）

布川《ふかわ》事件（↓付録P. 213）においても、「ポリグラフ」が使用されています。被疑者となった桜井昌司さんは、自分の無実を証明できるチャンスだとして、「ポリグラフ」の使用に積極的に応じています。

「**桜井**　私もどうにもならなくて『もうやめてくれ』って訴えた。そうしたら、『お前、シャバで遊んでいれば何時まででも遊んでいるくせに、後ろ暗いからそういうことを言えるんだよ』って取調官はなんでも悪い方に言う。おまけにね、『お前の母ちゃんもやったことは仕方がないんだから一日も早く素直になって話せと言っているんだぞ』とも言った。おふくろも疑っているのかって。これはものすごいショックを受けた。

質問者　これから先一体どうなるんだ。不安と絶望でいっぱいだったと思います。

桜井　そう。取調べ四日目のそんな時に、『嘘発見器（ポリグラフ）にかけるぞ』と言われた。

質問者　嘘発見器？　本当に使われているんですね。びっくりしたでしょう？

桜井　いや、うれしかったです。ぜひやってほしいと思った。嘘発見器が正確だったら、自分が布川事件の犯人じゃないということが明確にわかってもらえるから。

質問者　嘘発見器のデータって正確なんですか？

桜井　あのね、はじめにポリグラフの的中率を試すテストをしたの。データを見せてもらったら、正しいこととでたらめなことを言っているのとでは一目瞭然に結果が違う。これなら信用できる。ようやく釈放になる。と『早くやって』っていう気持でしたね。

質問者　それで、釈放になった？？？　あれ？

桜井　本番のポリグラフを使っての取調べが終わって、私はそのまま取調室で待たされたんだけど一〇分くらい後、取調官が神妙な顔で入ってくるなり、『残念だったな。私もお前が犯人じゃなかったらいいと思っていたんだけど、だめだった。本当のことを話しなさい』って追及してきた。

質問者　えっ？　桜井さんもデータを見てそう判断できたんですか？

桜井　いや、この時のデータは見せてくれないんだ（注――この結果は高裁で、鑑定人の言葉が出ただけ。データそのものは裁判に出されていない）。もう目の前が真っ暗。愕然とした。これはもうなにを言ってもだめだ。犯人にされちゃう、自分自身が盗みなんかをして犯人に疑われたのが悪いんだからしょうがない。なんてあきらめの気持もわいてきた。でも本当に私はやってない。本当にどうすればいいんだかわからない。高圧的に『おまえがやったんだろう』って毎日、毎日言われ続けて、なにを反論しても埒《らち》があかない。警察外部の人と連絡がとれるわけじゃないし、ここには味方は一人もいない。このつらい現実に対して、逃れたいという気持ちがもう極限にきていました。だから、あくまでもとりあえず言っておくことにしました。『私がやりました』と。そう言ってさえおけばこの場は逃げられるでしょ。それに、目撃者に自分は見間違えられたのなら、いつかは杉山のほうの調べがちゃんと進めば杉山と自分とは違う誰か別の人が犯人だってことがはっきりとわかるに決まっている。

質問者　とりあえず、ね。そこまで追い詰められていたんだ。

桜井　あの時は本当におかしかったんだよ。目の前のどうにもならない状況から逃げたかっただけなんだ。自分が『やった』と言えば、今度は『どういうふうに』って聞かれるのは当り前なのに、そこまで考えなかった。そう聞かれたら困っちゃうよね。やってないんだからさ。」（再審・えん罪事件全国連絡会編『えん罪入門』四五～四七頁）

警察は、ポリグラフ検査の結果を利用し、「器械はだませないぞ」と代用監獄の中で孤立無援になっている被疑者を心理的に追い詰め、自白を得るための手段として悪用するのです。

波崎事件でも、同様のことが行われています。第二審で、アリバイが証明され、無罪となった「ハワイ屋事件」について行われた「ポリグラフ検査」を見てみましょう。

一九六三年十月二十四日、鹿島警察署長よりの検査依頼があり、二瓶康巡査によって「ポリグラフ検査」が行われています。

記号	質問番号	質問内容	返答	反応
	1	あんたは冨山さんですね	はい	A
	2	あんたは大正生まれですね	はい	A
○	3	あんたは、四年前、ハワイ屋をおそった犯人はだれだか知っていますか	知りません	E
	4	あんたは、いま、四十六才ですね	はい	A
○	5	四年前、ハワイ屋をおそったのはあんたですか	ちがいます	E
	6	あんたは、大正生まれですね	はい	A
△	7	あんたは宇都宮の菅原さんから箱代をだまし取ったことがありますか。	ありません	D
	8	あんたは、四月生まれですね	はい	A
□	9	あんたは、今年の六月頃、銚子で飼犬に毒を飲ませたことがありますか	ありません	B
○	10	四年前、ハワイ屋にはいって、夫婦を殴ったのは、あんたですか	ちがいます	E
	11	あんたは、いま背広を着ていますね	はい	A

※2回検査したところ、質問3、質問5、質問10に極めて明瞭な特異反応が認められ、質問7に、特異ではないが、心理的動揺が認められ、質問9に、わずかに心理的動揺が認められた。

記号の説明

1　質問番号らんにおける

○印は、関係質問（事件に関する質問）

△印は、対照質問（虚偽の返答をすることが明らかな事実にもとづく質問で、虚偽返答時における反応量をみる質問）

□印は、仮想犯罪質問（仮想の犯罪を設定した質問によって、真実を返答する際の反応状態をみる質問）

2　反応らんにおける

A印は、特異反応は全く認められず、心理的動揺はほとんど認められてないもの

B印は、わずかに心理的動揺を示したことが認められるもの

C印は、反応は特異とはいえないが、心理的動揺を示したことが認められたもの

D印は、特異反応が認められ、つよい心理的動揺を示したことが認められたもの

E印は、極めて明瞭な特異反応が認められ、極めてつよい心理的動揺を示したことが認められたもの

注記　この「反応らん」には、実際には、独特の記号が使用されています。この記号を解りやすくするために、アルファベットに変更しました。

このような結果から、検査を担当した二瓶康巡査は「綜合判定」の欄に、次のように記入しています。

「以上、検査結果を綜合し、被検査者は、本事件に関し、有罪意識を有すると推定される。よって、本事件に関し、容疑があると推定することが正道と判断される。」

波崎事件においても、警察は、ポリグラフ検査の結果を利用し、代用監獄の中に閉じ込めている冨山さんを、「器械はだませないぞ」と心理的に追い詰め、自白を得るための手段として利用したのです。狭山事件の石川さんや、布川事件の桜井さんをはじめ、日本の冤罪事件の被告人たちのほとんどは、孤立無援の代用監獄のなかで、自白をさせられました。そして、それが有罪の証拠として利用され、無実でありながら、有罪の判決を受ける原因になりました。

波崎事件では、冨山さんは自白をしませんでしたが、一審の田上裁判長は、判決文のなかで、「青酸化合物を飲まされた場所は何処かであるが、本件で証拠として採用されているポリグラフ検査書に俟つまでもなく、判示被告人方の土間であると見ることが十分に可能である」と述べています。

ポリグラフ検査の結果が田上裁判長に有罪の心証を与えていることは明らかです。ポリグラフ検査が「客観的な証拠と言えるものではなく、警察官によって作成された証拠」(『狭山裁判と科学』二三〇頁)であるということに気づいていないのです。多くの裁判官は、いわゆる「科学的な鑑定」に対して盲信しがちであることも冤罪を生む原因になっています。

警察は「予断と偏見」に基づく捜査をします

波崎事件について、客観的に、公正な立場から見れば、石本安夫さんの死因については、病死説、毒殺説、自殺説、事故死説の四つの可能性があると言えます。

まず一番目は、病死説です。

救急救命医療を担当した村木房夫医師作成の「死亡診断書」および「国民健康保険被保険者診療録」には、「急性左心室不全」と明記されています。これは、明かに病死説を裏付けているものです。

また、井本真也医師による「司法解剖」の鑑定書には、次のように書かれています。

「この死因は、青酸化合物の経口摂取による中毒死と鑑定する。この屍の剖検所見はその大部分が急性心機不全による急性死の所見を呈し、出血性胃炎及び膵臓の異常なる色調のみが僅かに中毒死を疑わせる所見であるが、茨城県警察本部鑑識課の胃内容鑑定結果によれば、予備試験、確認試験共に青酸反応を認め、殊にベルリン青反応の結果より推定し、相当量の青酸化合物を胃内容に認めるので、前記急性心機能不全は青酸化合物の中毒により惹起されたものと鑑定する。

この屍の剖検所見のみにより自他殺の別を鑑定することは極めて困難である。」

井本医師の「鑑定書」は、結論としては青酸化合物による毒殺説を採っています。しかし、同じ鑑定書の中で、「この屍の青酸中毒現象は、やや非定型的なり」としているのは、解剖時の所見では明かに病死説だからです。そして、茨城県警本部鑑識課の「鑑定結果によれば、予備試験、確認試験共に青酸反応を認め、殊にベルリン青反応の結果より推定し、相当量の青酸化合物を胃内容に認めるので、前記急性心機能不全は青酸化合物の中毒によって惹起されたものと鑑定する」という結論は、県警鑑識課の鑑定結果と整合させるための「ためにする」ものであると言えるでしょう。これでは明かに、鑑定書としての独立性がなく、鑑定書の存在意義を損なうものです。そのうえ、時間的に、一番最初に行われた司法解剖にもとづく「鑑定書」の提出が一番遅くなっています。これは、鑑定書の信頼性を著しく低下させるものであり、「初めに結論ありき」ではないかとの疑念を強くさせるものであると言えるでしょう。

また、「司法解剖」の鑑定書の第三節には、「心臓の大きさは死者の手拳の約二倍大にて特に右心房の拡大著明なり。冠状血管の走向正常、左右の心耳より、それぞれの心房、心室を開いて内腔を検するに右心房右心室間に弁膜閉鎖不全あり」と明記していますので、心臓病による病死の可能性もあります。

石本安夫さんの心臓は「手拳の約二倍」に拡大していたと指摘されています。急激に、心臓が二倍大になるとは思えませんので、本人には自覚症状がなかっただけだと思われます。事件前日も、体の不調は訴えていましたが、病院での検査を受けてはいませんでした。安夫さんが深夜に帰宅してから、急激な心臓発作に襲われ、病院に運び込んだが手遅れだったという病死の可能性を否定することはできません。

二番目は、自殺説です。

この時期、一番容易に入手可能な毒物は農薬です。事件発生当時、この波崎町のナシ栽培農家においては、「ホリドール」が一般的に使用されていました。この農薬は、全国的に、自殺に使用されていることは、だれもが知っていました。ただし、有機リン酸系の農薬ですから、青酸化合物ではありません。

石本安夫さんは、死亡の前日（二十五日）、わざわざ、自宅の家屋敷の権利書をばくち仲間の安藤勝一さんから一時的に返してもらい、八日市場市の金融業者から、それを担保にして借り入れをしようとしました。しかし、安夫さんは金策には失敗した印象を抱いていたようです。「あのやろう、貸してくれるかなあ」と言っているからです。彼は、ばくちが原因で、ほぼ破産状態となっていました。このため、夜逃げをするか、自殺をするかという、切迫した状態になっていたと思われます。

青酸カリの入手経路が判明していないにもかかわらず、冨山さんが毒殺したという認定ができるのですから、同様に、石本安夫さんが自殺をするために青酸カリを入手していたという推論も、当然のことながら、成り立つことになります。

三番目は、他殺説（毒殺説）です。

司法解剖においては、「急性左心室不全」という判定でありながら、二十八日の新聞には、「毒殺説」が記事になっています。これは茨城県警が「毒殺」だとする予断と偏見をもって捜査を開始していたことに対応しているものです。

一審において、保険金詐取の目的で「青酸カリ」を飲ませ、自動車による事故死を偽装しようとしたという判断は、論証に、あきらかに無理があります。交通事故死に見せかけるには、かなりのスピードで運転し、どこかで衝突事故を起すようにしなければなりません。しかし、冨山宅から石本宅までの道路は、道幅は狭く、舗装もされていませんし、対面交通もできないところなので、スピードを出すことのできない、ましてやスピードの出し過ぎによる交通事故死の可能性はほとんどあり得ない場所なのです。そのうえ、「青酸カリ」は急性毒性のある物質です。独特の臭気もあります。ですから、交通事故死と誤認することはありえません。

一審の判決文のように、保険金目当ての計画的な毒殺だとするならば、冨山さんと同様に、あるいはそれ以上に被害者の妻の伸江さんは疑わしいと言わなければなりません。伸江さんだけが、生命保険の契約が成立したことを認知していたのですから、なおさらです。冨山宅を辞去してからの石本安夫さんの行動は、全く、わかっていません。警察が主張するように、どこにも寄り道をしないで帰宅したとするならば、論理的に推論すれば、自宅において、伸江さんだけが安夫さんを毒殺する機会があったとしなければなりません。

青酸カリの入手経路が判明していないにもかかわらず、冨山さんが毒殺したという認定ができるのですから、同様に、伸江さんが毒殺するために青酸カリを入手していたという推論も、当然のことながら、成り立ちます。ですから、他殺説を採用するならば、冨山さんを被疑者とするのであれば、それと同様に、伸江さんをも被疑者としなければならなくなる訳です。

四番目が事故死説です。

伸江さんの証言によれば、石本安夫さんは死亡した前日（二十五日）の朝、ナシ畑に水を撒きに行っています。当時、ナシ畑では「ホリドール」という殺虫剤が使用されていました。先にも触れましたが、この農薬は、猛毒で、よく自殺に使われていたことで有名です。波崎町で、当時、ナシの栽培をしていたという農家のお婆さんに取材したところ、この農薬の毒素は皮膚からも吸収されるものなので、使用する時は、夏でも、マスクをし、手袋をし、完全防備で散布をしていたそうです。吐き気を催すような、とても強い臭気があったと教えてくれました。そのようなとても危険な農薬を散布してあった畑であるにもかかわらず、安夫さんはパンツ一枚の上半身裸のままで水撒きをしたそうです。彼は昼食時には食欲がない、頭痛がすると言って、薬を飲んでいます。八日市場市の金融業者、江川美津子さんが、安夫さんがとてもくたびれた様子をしていたと証言しています。金策を終えて、冨山宅に戻って来たときも、体の不調を訴えています。このことから、「ホリドール」を浴びてしまったための事故死の可能性も考えられるだろうと思います。ただし、有機リン酸系の農薬ですから、青酸化合物ではありません。

このように、四つの可能性があるにもかかわらず、茨城県警は初動捜査の段階から、あきらかに、毒殺説のみを採用し、冨山常喜さんを犯人だとする予断と偏見を持った捜査を行っています。このため、病死説、自殺説、事故死説についての捜査がほとんど行われませんでした。

代用監獄を利用した取り調べは人権侵害です

さて、現在の日本の取調べ状況は、どうなっているでしょうか。以下は、小池振一郎、青木和子編著『なぜ、いま代用監獄か』からの引用です。

「二〇〇五年一二月六日、未決拘禁者の処遇等に関する有識者会議が開かれた。第一回のこの日、法務省、警察庁と日弁連の三者がそれぞれの立場でプレゼンテーションを行った。警察庁は、一九八〇年から、警察庁の内部で、組織上も規定上も捜査担当部局と留置担当部局を分離したので、もう人権侵害はおこらないと、組織図を示して説明した。本当にそうだろうか。（中略）

二〇〇五年五月、佐賀地裁で、三件の連続殺人事件の被告人に対して、無罪判決が言い渡されました（北方事件）。これに対しては現在、検察側が控訴している。この事件の被告人は、別件で起訴されて代用監獄に留置されていた一九八九年一〇月二六日から一七日間、連日、朝の九時から、遅くなると深夜の二時、三時まで、一日平均一二時間三五分もの長時間の取調べを受けた。昼食も夕食も与えられずに、朝九時から午前〇時二〇分ごろまで取調べを受け続けた日もあった。

その結果、ついに、一一月一一日に、三人の殺害を自供する上申書の作成に応じた。被告人は、その後否認に転じ、一九八九年当時は、裁判にかけられなかった。ところが、最初の殺人事件の公訴時効が翌月に迫った二〇〇二年六月に、殺人事件の被疑者として逮捕され、時効のわずか六時間前に殺人罪で起訴された。

拘置所ではすでに防声具（猿ぐつわ）は使用されていないが、代用監獄では未だに使用され、二〇〇四年にも死亡事故が発生している。また、代用監獄では、女性拘禁者に対するわいせつ行為も続発している。」（二一四〜二一六頁）

この文章を読みますと、日本では、今でも、代用監獄を利用した取り調べにおいて人権侵害が行われていることがわかります。

「二〇〇五年六月、アムネスティ・インターナショナルのアイリーン・カーン事務総長は、五日間にわたる東京訪問を終えるにあたって、次のように語った。

『日本は、まず国内の人権状況をもっとまともにすべきだ。』『代用監獄制度は秘密主義で覆われている。外部からの監視がない中での取調べや自白の強要などは、決して容認することはできない』『代用監獄は日本の人権史に残る汚点であり、ただちに廃止されなければならない』

原文では、『代用監獄』は『Daiyo Kangoku』である。国連においても、非難の対象として、『ダイヨウカンゴク』という言葉が繰り返し述べられた。不名誉な国際語は、死語となることを望みたい。」（三三三〜三四頁）

〇七年二月二十三日、鹿児島地裁において、〇三年四月の県議選に絡む公職選挙法違反の罪に問われた買収事件（いわゆる「志布志事件」）の判決がありました。被告が主張した買収会合日のアリバイ成立を認め、捜査段階で容疑を認めていた五人の自白調書の信用性を否定し、一貫して否認を続けていた七人と合わせ、全員に無罪を言い渡しました。そして、三月八日には、鹿児島地検は控訴を断念することを発表しました。

この事件では、現在でもなお、代用監獄を悪用していることが明白になりました。録画や録音などの「可視化」のされていない密室の取り調べ室で、怒鳴ったり、机を蹴飛ばしたりなど、暴力的で威嚇的な取り調べを、連日、朝から夜の九時、十時まで、虚偽の自白をするように強要することが行われました。そのうえ、「他の人は認めている」とか、「自白すれば、すぐに釈放する」というような偽計も行われました。

また、この事件では、長期にわたる勾留（否認をしていると保釈をしない、いわゆる「人質司法」）も、悪用されました。中山信一県議は、代用監獄と拘置所とを合わせ、合計三九五日、一年以上も勾留されていましたが、一貫して無実を主張しました。信一さんの妻のシゲ子さんも、同様に、無実を主張し、一貫して容疑を否認し続け、合計二七三日も勾留されました。その他の人々も、逮捕、起訴され、百日以上も長期勾留を強いられました。

さらに、中山県議の選挙参謀をされていた川畑幸夫さん（ホテル経営者）に対しては「踏み字」という前代未聞の拷問による取り調べが行われました。川畑さんは開票日の翌日から取り調べを受け、その三日後からは、川畑さんの父親の名前や孫の名前を書いた紙や、「お前をこんな人間に育てた覚えはない」とか、「早く正直なおじいちゃんになってください」と書いたものを、警察官は川端さんの足首をつかんで無理やりに踏ませて、嘘の供述をするように強要しました。このような取り調べに対して、鹿児島地裁は取り調べの違法性を認め、約六十万円の損害賠償を命じました。この判決は、県側が控訴を断念し、確定しています。

私は、人権侵害の温床である「代用監獄」は一日も早く廃止すべきだと思います。

第三章　冤罪を生む構造②　検察について

検察は証拠隠し、証人隠しをします

日本の冤罪を生むメカニズムのとても重大な要因の一つは、検察にはすべての証拠を法廷に提出しなければならないという義務がないということがあります。このため、警察と検察は、しばしば、証拠隠し、証人隠しをします。

松川事件（→付録P.215）について、上田誠吉、後藤昌次郎共著『誤まった裁判』は、次のような説明を述べています。

「検事が主張し二審が判断を加えた〔被告人たちの〕連絡謀議は五つあった。十二日の電話連絡、十三日国鉄組合事務所での謀議、同日岡田が東芝組合事務所に赴いての謀議、十五日国鉄組合事務所での謀議、十六日加藤が国鉄組合事務所に赴いての謀議。このうち前の三つは二審で否定され、残りの二つは最高裁で疑われた。検事の主張した連絡謀議は五つが五つとも怪しくなったのである。

一つや二つでなく五つである。その全部である。そしてこれら謀議が崩れた根拠は、諏訪メモ、斎藤の手紙、事故簿の控のように、検事が隠していた証拠或いは隠しそこねた証拠である。それが明るみに出たことによって、五つが全部崩れたのである。」（一〇四頁）

布川《ふかわ》事件（→付録P. 213）では、

「裁判所に提出された録音テープは、桜井、杉山についてそれぞれ一本ずつだったが、実は二人とも、二回、録音されていた。二人とも、一回録音されたと裁判所で述べたが、捜査官は、録音テープを録ったのは一回だけだと何度も公判廷で証言を繰り返した。ところが、第二次再審になって、検察官から桜井のもう一本の録音テープが開示され、『録音は一回だけ』と証言していたのは、捜査官の偽証だったことが明らかになった。

二人が拘置所で検察官に対して否認し、書類上処分保留で『釈放』になった直後、二人は、自らの毛髪を採取された。被害者の死体発見現場付近には、被害者のものでない毛髪が五本遺されており、それらと比較するためだった。検査の結果、犯行現場に遺されていた髪の毛は、桜井、杉山のものとは異なることが鑑定書には示されていた。

しかし、桜井、杉山にとって有利な無罪方向の証拠は第二次再審まで隠されたまま、代用監獄での『虚偽の自白』によって二人は千葉刑務所で服役することとなる。」（小池振一郎、青木和子編著『なぜ、いま代用監獄か』一二三頁）

狭山事件（→付録P. 211）においても、検察は証拠の全面開示を拒んでいます。

「裁判で冤罪――誤判を生む大きな原因のひとつは証拠開示の問題である。

検察官は公益の代表ということにもかかわらず、弁護士、裁判官に収集した全ての証拠を見せない。被告人、弁護側に不利な証拠しか開示（公開）しない。被告人側は自分で有利な証拠を見つけてきて、それで法廷で争えばいいではないか、というのが法の建て前である。これは極めて不公平な制度である。

第一に、警察・検察の証拠収集能力と被告人・弁護人側ではおとなと幼児以上の能力（人力、経済力、調査力）の差がある。しかも、調査に入れるのはかなり遅れた段階で、その時には被告人＝クロの予断が多くの人々の間にはあって、なかなか協力をしてもらえない。

第二に、事件直後に警察が証拠収集したことによって、めぼしいものはごっそり持ちさられてしまう。被告人側があとからノコノコ現場へ行っても当然何もない。市民の常識で考えれば、誰がみても、証拠の開示が検察官の恣意にまかされている、ということは不合理であり、不公平である。裁判という場は公平の仮面をかぶっているが、そこで争われる証拠の上では被告人側は初めから決定的に不利な、不公平なハンディをつけられている。この狭山事件では、『強姦・殺害犯行現場』の血痕検査結果・実況見分調書、付近の工作者・通行人の調書、足跡の写真など多くの重要な証拠が隠されたままである。」（雛元昌弘編『冤罪・狭山事件』一六八～一六九頁）

松山事件（→付録P. 208）でも、検察は証拠隠しを行っていました。

「差し戻し審においてもっとも重要な意味をもったのは、検察側が裁判所の勧告に応ずる形で六冊三百六十三点の裁判不提出証拠を開示したことである。

そのなかには、高橋某が警察のスパイとして斎藤さんの代用監獄（警察留置場）での言動をさぐり、供述を引き出して捜査官に報告していたことを示す六通の調書や、掛布団襟当付着の血痕に関する平塚鑑定書などがふくまれていた。

この平塚鑑定書は、平塚技官が一九五五年十二月二十二日から翌日にかけて鑑定をおこない、同月二十八日付で作成したものとされているが、奇妙なことにちょうどそのとき掛布団襟当については三木鑑定人が鑑定中だったのである。一体なぜこのような措置（平塚鑑定）が必要だったのか、理由は不明である。

それだけでなく、驚くべきことに平塚鑑定には、『掛布団の裏には人血痕が付着していない』と記されていた。平塚氏は襟当のついた掛布団について、布団の本体のみならず襟当もふくめて観察し結論を出したことを、証人尋問前に面接した弁護人に語った、そうだとすると、平塚鑑定時に襟当に血痕は付着していなかったことは明らかである。」（小田中聰樹著『冤罪はこうして作られる』一五三～一五四頁）

松山事件の有罪判決の決め手の一つである「掛布団襟当付着の血痕」は、警察と検察によって偽造されたものであることがわかりました。検察は、証拠隠しばかりでなく、証拠の捏造《ねつぞう》もしていたのです。

波崎事件では、弁護人が、毒殺を証明する一番重要な物証である胃の内容物を提出するように請求したところ、警察はすでに変質しているので鑑定できないという理由で提出を拒否しました。これは無罪を証明する可能性のある証拠を隠滅したとも考えられます。

また、石本安夫さんに「青酸カリ」を飲ませたとされる、事件の発生した冨山さんの借家は銚子大橋の料金所より丸見えの至近距離（約三十八メートル）に位置しています。実際に現場に立ってみますと、いわゆる「目と鼻の先」という感じで、あまりの近さに驚かされます。事件の当日、大橋の料金所に勤務していた日本道路公団の職員の証言は、とても貴重なものであろうと容易に推量できます。水戸地裁第二十八回公判（一九六六年十月一日）の記録に、検察側証人として、料金所の職員の名前があがっています。ところが、理由が明らかにされないまま、取り消しになっています。そのため、冨山宅の前にコロナ（冨山さんの自家用車）が何時まで駐車していたのか、コロナが大橋を何回往復したのか、これらについて聞くことができません。そのうえ、大橋料金所の利用記録（料金徴収記録）は法

銚子大橋の料金所跡地付近から見た冨山さん宅の跡地。まさに「目と鼻の先」である。現在は駐車場になっている。

廷に提出されていません。

この他にも、開示してほしい証拠はたくさんあります。石本安夫さんが波崎済生病院に担ぎ込まれた時に担当した看護婦たちの証言、その場に居合わせた人々の証言なども、開示されていません。なかでも、特に、開示してもらいたいと思わずにいられないのは、井本医師が司法解剖をしている様子を録音したテープです。井本医師は二審の東京高裁において、テープ録音をしていたと証言をしています。検察は、このテープを是非、開示してもらいたいと思います。

波崎事件は、保険金目当ての計画的な毒殺事件だとされています。ですから、毒物があったという認定と鑑定が一番重要な証拠です。ところが、一番重要であるはずの鑑定書について、とても単純で、素朴な疑問を抱かずにはいられません。それは、鑑定書の提出された日付が、ごく常識的に考えて、理解しにくいのです。

一番最初に行われたのは司法解剖なのですから、当然のことながら、この鑑定書が一番最初に警察・検察に提出されているはずだと予測することができます。しかし実際には、この鑑定書の提出が一番遅いのです（次頁の表参照）。しかも執刀をした井本医師は、科学警察研究所の鑑定が出るのを待っていたと東京高裁において証言をしています。鑑定書とは、このように実際に自分が執刀していないものについても書いてしまってよいものでしょうか。それは鑑定書への信頼を大きく損なうものではないでしょうか。自分の、目と耳と鼻とで実際に体験したところを記憶が鮮明である時期に、できるだけ正確に記録しておくのが鑑定書を作成する者の責務ではないでしょうか。

司法解剖の鑑定書が提出されたのは、科警研の鑑定書が提出されてから、さらに一カ月後のこと

各診療・鑑定の実施期間とその診療録・鑑定書の提出日および鑑定結果

診療録・鑑定書	鑑定の実施期間	鑑定書提出日	ＰＨ値（7が中性）	青酸臭
国民健康保険被保険者診療録	1963年8月26日		8〜9（弱アルカリ性）	記載ナシ
司法解剖鑑定書	同上	11月26日	記載ナシ	著明ならず
茨城県警鑑識課	同年8月27日〜9月2日	10月18日	弱アルカリ性	アリ
科学警察研究所	同年9月4日〜10月26日	10月30日	5.6（弱酸性）	記載ナシ

※ＰＨ値は、胃の内容物の検査値。青酸化合物は強アルカリ性。

です。司法解剖が実施されたのは、事件発生の当日、八月二十六日の午後、鑑定書が提出されたのは十一月二十六日、この間、約三カ月、なぜ、このような時間が必要だったのでしょうか。全く不明です。

茨城県警鑑識課の鑑定書にも疑問があります。鑑定の依頼日は、八月二十六日。鑑定の実施期間は、八月二十七日から九月二日まで。新聞報道によれば、石本安夫さんの胃の内容物から「毒物らしいものが混入していた」という中間発表がなされたのが、八月三十日。しかし、鑑定書が提出されたのは、十月十八日。鑑定の実施期間が終了してから、約一カ月半後です。鑑定はすでに終了しているのですから、なぜ、このような日数を必要とするのでしょうか。（上の表参照）しかも、茨城県警は、石本安夫さんが死亡した翌日には、冨山さん宅の家宅捜索をし、任意での取り調べなど捜査を開始しているのですから。石本さんの死亡した病院の医師たちは病死だとしており、誰一人として、毒殺であるとは考えていなかったのですから。毒殺であるという鑑定書が提出されていないということは、変死として認定されていないということです。変死であると認定されていないということは、刑事事件ではないということです。そうでありながら、すでに、捜査が始められているということは、実に奇妙なことだと言わなければなりません。

科学警察研究所の鑑定書も、奇妙です。鑑定依頼が九月二十日。鑑定に着手したのが九月四日と、日付が大きく前後しています。鑑定の期間は、鑑定書どおりの九月四日とすれば、十月二十六日終了と記載されていますから、約二カ月間かかったことになります。そのうえ、九月七日の朝日新聞（茨城県版）は、「六日同研究所から、『致死量以上の青酸化合物を検出した、引続き他の毒物反応について検査を行う』との中間発表があった」と報道しています。

また、茨城県警鑑識課も、科警研も、定性分析をし、青酸化合物による毒殺であると認定しておきながら、なぜか、定量分析をしていません。これもまた、とても理解しにくいことであると言わなければなりません。全くの初歩的なミスだからです。

さらに、もう一つ奇妙なことは、一審において、弁護士も指摘していることですが、茨城県警鑑識課の鑑定において、青酸化合物が検出されたとするならば、なぜ、科学警察研究所に再度の鑑定を依頼したのでしょうか。まだ、どこからも茨城県警鑑識課の鑑定結果に対して、疑問の声や抗議の声は上がっていなかったのですから。この鑑定依頼は、不必要であり、税金の無駄遣いであり、理解しにくいものだと言えるでしょう。

追起訴について

波崎事件では、一審において、冨山さんが強盗を働いたとする「ハワイ屋事件」が追起訴されています。（「ハワイ屋事件」については、二審の東京高裁において、「無罪」の判決が出ています。）この追起訴は、警察が冨山被告に対する裁判官の心証を悪くするために「でっちあげ」たものです。

波崎事件は、検察側のシナリオに従えば、保険金目当ての計画的な毒殺事件です。「ハワイ屋事件」もまた、保険金目当ての計画的な殺人未遂事件であるとして起訴しているのです。どちらも、保険金目当ての計画的な殺人事件の失敗劇なのです。なんとみごとな二重写しでしょう。「ハワイ屋事件」は、まるで「波崎事件」の予行演習のようです。

ハワイ屋事件は強盗未遂による傷害事件です。保険金目当ての殺人を計画している人間が棍棒などを使用するでしょうか。当然、銃器や刀剣類など、確実に殺害できる用具を使用するはずです。しかも、冨山さんが起訴されたのは、事件発生から四年が経過していた時点なのです。事件発生当時、目撃証人も、物証もなかったわけではありません。その時に、しっかりと捜査をしていれば、犯人を逮捕することはそれほど困難であったとは思えません。しかし、当時の波崎町の派出所は選挙違反の取締りで忙しくなったことを理由に、捜査を中断し、犯人逮捕を断念して、あえて迷宮入りにしたのです。それを石本としさんが「冨山が犯人にちがいない」と言い出したことを奇貨として、「でっちあげ」に利用したのです。

波崎事件の裁判は一九六四年一月から始まりました。冨山さんは、第一回公判において、毒殺の容疑を否認しました。すると、検察は、二月の第二回公判では、七十八人という異常な数の証人を申請し、三月の第三回公判では、「ハワイ屋事件」を殺人未遂事件であるとして、併合罪として「追起訴」をしました。これは、裁判官の冨山さんに対する心証を悪くするためのものです。そして、なにがなんでも、冨山さんに対する有罪判決を手に入れようという執拗な悪意をさえ感じさせられます。

検察官の上訴権

検察官の上訴の申し立て（上級審へ訴えること）については、渡部保夫著『刑事裁判を見る眼』に、見事に述べられていますので、贅言《ぜいげん》を費やすことなく、そのまま引用することにしましょう。

「英米においては、第一審の無罪判決に対して、検察側が公訴することは許されません。それは、第一に、仮にその無罪判決が誤りであるとしても、国側（裁判所または検察官）の犯した過誤の訂正を財力の少ない被告人の負担になるような方法で行うことは、フェアではないこと、第二に、第一審が慎重に多数の証人の証言を直接に聞くなどして無罪を言い渡したのに、控訴審がその事件をふたたび審理して有罪と判断することがあるとしても、その結論がはたして正当かどうか疑問があること、第三に、被告人を第一審と第二審の二度にわたる困惑、出費、苦痛にさらし、不安の中で生活することを強制するまでして、国がどうしても有罪を獲得しなければならない、というような考えはそもそも感心できないし、また、検察官による控訴は訴訟の遅延をきたすことになる、そういう思想に基づいています。」（渡部保夫著『刑事裁判を見る眼』一一五頁）

「刑事裁判全体の仕組みについて、たとえば英米と日本とを比較してみますと、英米においては『検察側が無実の被告人を有罪にすることはたいへん困難であり、無実の者が無罪になることはいとも簡単である』という明快な仕組みになっていますが、わが国では奇妙にもこれが転倒しており、『無実者といえども無罪の判決を得ることは非常に困難であり、検察側が有罪の判決を得ることは概して簡単である』という仕組みになっています。このことを詳細に説明する余裕はありませんが、これを示すいくつかの証拠ないし根拠をあげてみましょう。

まず、イギリスでは、クラウンコートで裁判される全刑事事件は年間約九万七千件ですが、そのうち、約二五％が無罪となっています。なお、法廷での有罪の答弁をした場合には証拠調べをせずに有罪とされ、無罪の答弁をした場合だけが審理されますが、その人員は年間約二万人でそのうちの約六四％が無罪になります。また、アメリカでは、全国各地にある連邦地方裁判所と各州の第一審裁判所がありますが、このうち、連邦裁判所で審理される全刑事事件（最近一年間の起訴人員は約八万三千人）のうち、有罪とされるのは約八七・二％、無罪とされまたは訴追を打ち切られるのは約一二・八％です。これに対して、日本では全国の地方裁判所で審理される刑事事件の無罪率は、たったの〇・一％前後にすぎません。ですから、有罪率は実に九九・九％に達しています。無罪とされた被告人の人数を比較しましょうか。イギリスではクラウンコートだけでも、一年間で二万五千人以上が無罪になっています。ところが、日本では全地方裁判所に起訴される被告人数は年間五万七千人ですが、そのうち無罪になるのはわずか百人足らず（一部無罪を含む）にすぎません。ですから、英米では、起訴されたとしても、しっかりと防御をするならば、無罪になるチャンスはいくらでもあるんだと考えることができますが、日本ではどんなに頑張っても千人に一人くらいしか無罪になれないのです。

これだけみても、わが国では、いったん起訴されたが最後、なかなか有罪の呪縛から脱却できない状況になってしまうことを理解できましょう。

さらに、英米ではさきほども説明したように第一審で無罪判決が下されますと、検察官はもう上訴できません。わが国では上訴できます。さらにまた、英米においては、捜査当局が単なる見込みだけで市民を逮捕し、警察の代用監獄に十日も二十日間も勾留し続け、弁護人との面会すら満足にさせず、脅迫や暴行や利益誘導などの手段を用いてギューギュー取調べるというようなことはできない捜査構造になっていますが、日本の捜査当局は始終このようなことをしています。ですから、英米では捜査段階から無実の市民が間違って起訴されたり処罰されたりしないような手厚い法のハードルが構築されているのです。」（前掲書、三三三〜三三五頁）

名張《なばり》毒ぶどう酒事件（→付録P. 210）は、一審では無罪となり、検察官の上訴によって行われた第二審では死刑、七二年の最高裁判決で死刑が確定している事件です。それ以後、奥西勝さんは死刑囚として、三十年以上も、毎日のように死刑執行の恐怖に怯える日々を送っています。無実の人を死刑に処することは、もちろん、あってはならないことです。無実の人を死刑囚として死刑執行の恐怖にさらし続けることも、これはあきらかな精神的な拷問であり、刑罰の執行そのものです。無実の人を有罪とするのが冤罪です。そして、無実の人を懲役刑に処し、刑務所生活を強制することも、もちろん、冤罪です。冤罪に、刑罰の大小はありません。無実の人を苦しめる点において、その違いはないからです。

名張毒ぶどう酒事件は、検察官による上訴によって、死刑の判決を受けた、日本では珍しい事件です。この事件に対して、二〇〇五年四月、名古屋高裁において、再審の決定、死刑執行の停止の命令が出されました。

まもなく、名張毒ぶどう酒事件の再審が開始されようとしています。この事件の兇器は「ニッカリンＴ」という農薬であると認定されています。最近になって、実際に使われた農薬と、法廷において認定された農薬とが別のものであるという新証拠が見つかっていますから、今度こそは、無罪の決定が下されるだろうと期待されています。

江川紹子さんは、『名張毒ぶどう酒殺人事件　六人目の犠牲者』のあとがきで、「とりわけ印象深いエピソード」として、奥西勝さんについて次のように述べています。

「捜査の過程で彼は、自ら自分に不利益な事実を明かしていることだ。当時事件に使われた毒物は、ニッカリンＴであるという前提で捜査が行われていた。奥西さんは茶畑に使うために、この農薬を買っていた。ところが、販売したはずの薬局の主は、関わり合いになるのを恐れて、奥西さんに売ったことを否定したのだ。もし、奥西さんが実際の犯人であるにもかかわらず責任を逃れようとしているなら、ここぞとばかりに薬局の主の供述に話を合わせるだろう。ところが奥西さんは、自ら進んで、薬局の主と捜査員の面前で対決までして、自分が農薬を買ったことを証明した。」（四一八頁）

被疑者段階での人権擁護のために

裁判員制度の実施が近づいています。これに伴って、「刑事訴訟法」の改正、検察官による取り調べの録音・録画という「可視化」の試行、監獄制度の見直し、法曹関係の専門用語の見直しなど、さまざまな変化が起こっています。しかし、日本の「冤罪を生む構造」であると指摘されてきた数多くの問題点は改善されないままになっています。

一番目。自白を取るために利用されている代用監獄は、できるだけ早急に廃止することです。

二番目。拘留期間を欧米並みに短縮することです。

三番目。弁護士の立会いのない取り調べを禁止し、もし、そのような取り調べが行われても証拠としては採用しないようにすることです。

私たちのほとんどにとって、逮捕されるということや、留置場に入れられるということは、生まれて初めての体験なのです。予備知識がまったくなく、孤立無援の状態にされるのです。代用監獄の廃止はもちろんのことですが、被疑者段階の取り調べに弁護士が立ち会うこと、そして、助言を得ることができるようにするならば、きっと、冤罪の発生を減らすことができるでしょう。

四番目。取り調べ状況の全過程について、ビデオ等の録画、録音を行い、捜査の可視化、記録化を行うようにすることです。代用監獄を悪用しての自白の強要を少なくすることができるでしょう。

五番目。代用監獄を利用して作成された調書類は、裁判の証拠としては採用しない。

六番目。保釈をできるだけ早急に行い、被疑者段階から「無罪推定」の原則に則り、基本的人権をしっかりと擁護することが必要です。

七番目。捜査は、弁護側のための、被疑者の無実や無罪を証明する証拠や証人をも、公正、中立の立場からも行うべきです。日本の警察と検察による捜査は、有罪を立証するための証拠・証人探しを中心にした、訴追側に加担する捜査のみに大きく偏向しています。これが冤罪を生み出す原因の一つになっています。

検察の問題点

検察について、最後に、特筆大書しておきたい冤罪を生み出すメカニズムは、「偽証罪」を悪用することです。本書では波崎事件を中心にして説明を展開していますので、この偽証罪の悪用については触れることができませんでした。しかし、上田誠吉、後藤昌次郎共著『誤まった裁判』を読みますと、だれもがきっと背筋が寒くなるだろうと思います。三鷹事件でも、八海《やかい》事件（→付録P.218）でも、被告の無実を証明するアリバイを証言する人々に対して、検察は何度も何十度も呼び出しをします。そして、どうしても、証言を翻さない場合には偽証罪の容疑で逮捕し、拘禁します。

また、二俣事件（→付録P.215）では、代用監獄を悪用し、取り調べで拷問をしていたことを証言した山崎兵八巡査に対して、検察は偽証罪を悪用しています。後藤昌次郎著『冤罪』には、青梅事件（→付録P.216）でも、偽証罪が濫用されていることが明らかにされています。

日本の検察は、日本国憲法の三大原則の一つである「基本的人権の保障」よりも、治安維持を最優先しているように思えます。被疑者を逮捕すると、何が何でも、有罪にしなければという態度が露骨だからです。そのうえ、現行の法律では、検察には、証拠をすべて開示する義務がありません。ですから、証拠隠し、証人隠しという不公正なことが合法的にできる仕組みになっています。そして、残念なことですが、日本の司法関係者の多くは、このような仕組みに対して、あまり疑問には感じていないようです。

日本の検察の抱えている冤罪を生む構造の最大の要因は、繰り返しますが、証拠を全面的に開示する義務がないということです。それ以外にも、多くの問題点を抱えています。それらについては、小林道夫さんの書かれた『日本の刑事司法――なにが問題なのか』（二四～三四頁）を参照してください。この本の中で、今や、検察は警察に対してイニシャチブを取れなくなっているという現状を報告しています。そして、「太る警察、痩せる検察」、「検察はなぜ警察に弱いのか」、「喪われた『公益の代表者』意識」という小見出しをつけて、検察の抱えている問題点を浮き彫りにしています。

第四章　冤罪を生む構造③　報道機関について

日本の犯罪報道の特色

元共同通信記者の浅野健一さん（現同志社大学教授）は、著書『新・犯罪報道の犯罪』の中で、一九八五年六月、東北大学で行われた、人権と犯罪報道を考える討論会についての報告を述べています。文中の斎藤幸夫さんは、松山事件（→付録P.208）の被告人です。

「討論会の休憩時間に斎藤幸夫さんと話したところ、斎藤さんは、自分の逮捕時点から自供、起訴に至る新聞を一度も読んだことがないという。留置場に新聞は入らなかったためで、彼は自分がどう書かれたかを全く知らなかった。そこで、私が田中〔輝和〕教授からコピーしてもらった当時の新聞記事のコピーを斎藤さんに会場の中で読んでもらうことにした。

『松山事件、五十日目で解決』『追及に包み切れず自供』『報われた苦心の長期捜査』『高校中退の不良』『現場検証で様子変えた斎藤』『借金返済に迫られ』『早速墓前に報告』『凶暴性で金に困っていた』『斎藤はヒロポン常習者』(朝日新聞)。『物盗りに入り凶行と自供』『家族も持て余す　素行の悪かった斎藤』『四人殺しは計画的犯行』『物おじしていた斎藤／佐藤警部ら逮捕の模様語る』『ポン打つアプレ青年』(毎日新聞)。『四九日ぶり捜査陣にがい歌』『〃小金〃に目をつけ押入る』『酒ぐせの悪い男／不良仲間にもきらわれる』『基本捜査一本ヤリが成功』『穴埋め金欲しさ』『留置場でうなされる』『「身を誤った酒好き」／斎藤、留置場で語る』(読売新聞)。『東京に高飛び潜伏』『真面目な家庭の次男』『あわてた上京に疑い』『六百名もマーク／基本捜査が奏功』『証拠を隠すために放火／一家殺しの斎藤と一問一答』(河北新報)。

斎藤さんは新聞記事に目を通した。それから、司会の小田中〔聰樹〕教授に促されて、感想をこう語った。

『二九年、三〇年近くたって初めて当時の新聞をコピーで見たんですが、まあーひどいもんですね。ヒロポンの常習者と書いていますけれど、警察発表で記者にそう言ったのかもわかりませんけども、私がヒロポン常習者などということは……(絶句してしまった)。

警察発表をそのまま報道したという感じですね。家族の主張したことも少し載ってますけど、何かつけたしみたいな感じで。警察発表を報道するのも結構ですけど、対等に家族や弁護人の話なども載せていただきたいなと思いますね。』」(二一九〜二二〇頁)

新聞社のニュースソースは、警察です。新聞記者は、警察の発表を無批判に報道をしています。新聞社と警察とが癒着していること、それが日本の冤罪事件を生み出すメカニズムの一因をなしています。これを是正するには、報道の目的を抜本的に見直す必要があります。捜査が法に基づいて適正に行われているかどうか、被疑者の人権が守られているかどうかについてチェックすることこそが、報道の目的であると再確認する必要があります。いつまでも、週刊誌やテレビのワイドショー番組で行われているような、興味本位の、扇情的な犯罪報道が続いていく限り、「予断と偏見」に満ちた違法捜査と、被疑者とその家族に対する人権の侵害は、決してなくなることはないからです。

波崎事件の報道ぶり

「波崎事件」においても、冨山さんが被疑者として逮捕される前から、新聞は連日のように予断と偏見にもとづく、そして、警察発表を鵜呑みにした報道をしています。ある新聞記者は、冨山さんに対して面と向かって、あなたは犯人なのだから、「自首をしろ」と面罵しています。

「口からアワを吹き怪死――薬を三つ飲まされたともらす」八月二十七日

波崎の怪死事件は毒殺だった
富山をけさ逮捕
多額の保険金ほしさ
殺された石橋さん
完全犯罪をねらう
カプセルで毒物を包む
富山という男
手のこんだ保険加入

当時の新聞記事（「いばらき新聞」1963年10月23日）

「死因全く不明　波崎町の変死体」八月二十八日
「他殺の線でも捜査、波崎石本さんの怪死事件」八月二十九日
「波崎の変死事件で家宅捜査　母子の証言くい違う」八月三十日
「胃の中から毒物？　波崎町の変死事件合同捜査に踏切る」八月三十一日
「薬局をしらみつぶし、波崎の怪死事件病死説も出る」九月一日
「波崎変死　手がかりない　県警本部長きのう記者会見」九月六日
この頃から、捜査の進捗状況が事件報道の中心になります。
「致死量の青酸化合物　胃の内容物から検出　病死説消える」九月七日
「〝私は絶対に潔白だ〟波崎の怪死事件問題の〝箱屋〟と一問一答」九月十二日
「胃液に青酸性の毒物　波崎町の怪死事件　薬局の販売状況調査」十月八日
「波崎の怪死事件は毒殺だった　冨山をけさ逮捕」十月二十三日
そして、ついに、別件逮捕が行われました。私文書偽造、同行使の容疑での逮捕ですが、新聞の見出しは毒殺犯としての逮捕となっています。もちろん、実名報道が行われていますし、別件逮捕を批判する記事は一つもありません。そして、逮捕後も、このような警察発表を鵜呑みにした報道は続いていきました。
「冨山、毒殺を否認　波崎町の怪死事件　本部は犯人と断定　特捜班一四人で包囲急襲　平然と逮捕状を読む」十月二十四日
「私文書偽造行使は自供　波崎町の怪死事件　冨山の調べ続く」十月二十五日

「きょうから〝毒殺〟調べる　波崎町の怪死事件　内妻からも事情きく」十月二十六日
「冨山の毒殺自供近し　波崎町の怪死事件　拘置期間十日延長」十一月三日
「冨山ハンストで対抗　核心にふれると黙否」十一月五日
この時期の、新聞報道は、警察と一体化した内容です。徹底した癒着ぶりです。もちろん、別件逮捕や代用監獄での取り調べなどへの批判はありません。
「冨山を再逮捕　毒殺容疑に切りかえる」十一月十日
「殺人容疑で身柄送検　波崎の毒殺事件の冨山　犯行否認のまま」十一月十二日
「毒殺容疑さらに深まる　波崎町の怪死事件　冨山いぜん否認」十一月十五日
「農夫毒殺事件の冨山起訴　事件から九八日ぶり状況証拠でふみ切る」十二月一日

事件当時、「新いばらき新聞」の記者をされていた安斎卯平さんは、『波崎事件再審運動ニュース』第十号（九三年五月二十日発行）に、「波崎事件の周辺」というエッセイを書かれています。

「この事件が発生した当時、私は三十代の後半だった。中央紙の若い記者たちに交じって裁判を取材しているうちに、私はこの事件は変だなと気付いたのであった。傍聴していると証人たちのウソが手にとるように分かった。その上、私服の警察官たちが傍聴席に出入りしてはヒソヒソと打合せをやっている現場を、私は目撃していた。さらに不審に思ったのは普通、加害者側がマスコミを避け、被害者側はある程度マスコミを迎え入れるものなのに、この事件は全く反対に被害者側の人たちは取材に快く応じてくれなかった。特に被害者の妻にはその傾向が一段と目立った。何かが隠されている。私はそう直感した。地方の日刊紙ではあったが、この事件では可成りスペースをとっていた。しかし、中央紙の記者たちは何の直感もなかったようだ。彼らは警察発表をう呑みにし、ウソだらけの証言にも、気付く者は一人もいなかった。つまり彼らは責任をもって記事を書き正しい情報を読者に伝えようとしなかったのだ。冤罪は警察や裁判官がつくり上げる。だが波崎事件に関しては、当時の鈍感にして無責任な記者たちが冤罪に加担していたことを忘れてはなるまい。」

市民の人権を守る報道へ

日本では、依然として、報道機関による、予断と偏見にもとづく報道が堂々と行われています。七四年三月、兵庫県西宮市で起きた甲山《かぶとやま》事件（→付録P. 219）では、山田悦子さんに対して「犯人扱い」をした報道が行われました。また、九四年六月の松本サリン事件においては、河野義行さんに対して「犯人扱い」をした報道がありました。

元読売新聞記者の山口正紀さん（現フリージャーナリスト）は、こうした「犯人扱い」をした報道が横行している理由について、次のように述べています。

「報道被害が起きる最大の原因は、事件報道が警察情報に依存し、しかもそれが客観的事実であるかのように断定的に報じられることにある。捜査報道は本来、捜査段階の『警察の見方』に過ぎない。逮捕された人は、裁判で証拠に基づいて有罪が立証されるまでは無罪を推定される。それが世界の近代刑事訴訟法の大原則『無罪推定の法理』である。

しかし、日本のメディアは無罪推定の法理を無視し、逮捕＝犯人という『有罪推定の法理』に基づいて事件報道を行ってきた。

報道被害を起こす第二の原因は、メディアが犯罪報道を『売り物』にし、犯人探しの特ダネ競争を続けていることにある。他社に先駆けて被疑者を特定し、『あす逮捕』などと報じることが特ダネと評価され、事件記者の勲章になっている。記者たちは捜査員の自宅を『夜討ち朝駆け』し、どんな断片的な情報でも得ようと努める。そうして得られた情報は、捜査員の間でも意見の分かれる危ういものであっても、特ダネとして報道される。それは誤報の要因となるだけでなく、捜査の方向を固定し、冤罪の要因にもなっている。」（山口正紀「犯人探しから権力監視へ」、鎌田慧編著『人権読本』所収、一七五頁）

裁判員裁判の実施が近づいています。これに伴って、検察官による取り調べの録音・録画の試行、監獄制度の見直し、法曹関係の専門用語の見直しなど、さまざまな変化が起こっています。この司法制度改革を、私たち主権者である「国民」の司法参加と、冤罪を防ぐために役立つものにしていくのは、私たち市民の責務です。

近年は、日本においても、むごたらしい事件がたくさん起こっています。そして、事件が起きる度に、マスコミによる扇情的な報道がなされています。たいていの場合、まだ裁判が行われていないのに、被疑者は犯人扱いで報道されてしまいます。

しかし、裁判員裁判が開始されるようになれば、「裁判員」の候補者である市民一人一人が「予断と偏見」を持たないように、注意深い報道をしなければならなくなります。そうしないと、公正な裁判をすることができなくなってしまう危険性が増大するからです。日本の報道機関は、「基本的人権の尊重」と「無罪推定の原則」にもとづき、外国の報道機関のあり方を参考にして、抜本的な改善をしていかなければならないだろうと思います。

山口さんは、事件報道のありようを根本的に改めることが必要だと、次のように述べています。


「警察情報を鵜呑みした犯人視報道や被疑者・被害者のプライバシーを侵す興味本位な報道をやめ、報道の目標を警察の捜査チェックに転換することである。

スウェーデンなどの北欧のメディアは、権力犯罪を除く犯罪関係者の匿名報道原則を採用している。政治家、官僚、大企業など公的立場にある公人が、その立場を利用して犯罪を犯したと疑われる場合、『だれが』は重要なニュースだが、一般市民の犯罪では名前はニュースではない、という考え方である。

公人の事件では、事件の構造や背景を本人の主張も伝えながら詳細に報道する。一般の刑事事件では、記者の取材目標は、捜査が法に基づいて適正に行われ、被疑者の人権が守られているかどうかのチェックに向けられる。そうしたジャーナリズム本来の役割を保障するためにこそ、『報道の

自由』がある。」（前掲書、一八〇頁）

さらに、山口さんは、次のような主張を述べられています。

「警察情報依存の実名犯人視報道から市民の人権を守る権力監視報道への転換、報道被害を繰り返さないメディア責任制度の確立。この二つが実現すれば、『報道の自由』は市民の人権を守る武器となる。」（前掲書、一八二頁）

日本の報道機関は被疑者が逮捕されるたびに、それが「決定的瞬間」であるかのように、まるで人気スターの記念写真であるかのように、たくさんのフラッシュがまぶしく光ります。被疑者が連行されるようすは、しばしば実況中継がなされます。それは江戸時代に行われた市中引き回しの「晒《さら》し者」、「見せしめ」であるかのようです。裁判の前に、有罪が確定しているかのように「犯人扱い」されてしまいます。戦後六十年余、民主主義国家として自他共に任じている国でありながら、日本は依然として、江戸時代のような、基本的人権を無視したやり方を容認し、支持しているのです。

市民が司法に直接参加していく裁判員制度を成功させるには、私たちの身近にある、テレビ、新聞、ラジオ、週刊誌などのマスコミによる報道について、根本的な見直しと大きな変化が必要になることは確実だろうと思います。裁判員の候補者である市民が予断と偏見を持たないようにする必要があるからです。

第五章　冤罪を生む構造④　裁判所について

裁判とは

ある日、突然に、あなたが被疑者として逮捕され、起訴された場合、裁判は何回あるでしょうか。ほとんどの読者はご存知だと思います。そうです。三回です。しかし、その裁判はどのようなものだか、皆さんはご存知でしょうか。

近年は、法廷が登場するテレビドラマが多くなりました。日本では、「裁判」を題材にした小説は、和久峻三さんの「赤かぶ検事」シリーズや「猪狩文助」シリーズなどが一番よく知られています。その他では、小杉健治さんや佐木隆三さんらが活躍されています。以前に比べますと、ずいぶんと、裁判についての知識は普及してきていると思われます。しかし、欧米に比べますと、法廷を題材にした小説やテレビドラマは量的に少ないのが現状です。それは、日本においては国民と裁判所との隔たりが大きいので、多くの国民にとって、裁判についての知識は、まだまだ不十分なためだろうと思われます。

刑事事件の裁判は、通常「起訴状の朗読」「被告人の罪状認否」「検察官の証拠の請求とその取り調べ」「弁護人の証拠の提出と取り調べ」「被告人に対する質問」「検察官の論告と求刑」「弁護人の弁論と被告人の最終陳述」、そして「判決」という流れで進みます。

裁判の中心にあるのは「証拠の取り調べ」です。まず最初に行われるのは、検察側からの供述調書や実況見分調書などの証拠書類や証拠物や証人などの取り調べの請求です。すると、裁判官は弁護人の意見を聞いた上で、事件を判断するに際して請求された証拠が必要なものかどうか、十分な量があるかどうかを考慮して、取り調べを行う証拠を決定します。ここが最初の争点です。

波崎事件では、検察側は、自白も物証もないため、冨山さんを犯人に仕立て上げようと、七十八人という大量の証人を申請しています。これはとても異常な人数です。しかも、冨山さんの居住する地域の人々ばかりですから、冨山さんと同居していた人々ばかりでなく、冨山さんの家族、親戚など、多くの人々がこの裁判に巻き込まれています。殺人事件の容疑者として逮捕され、起訴され、報道もされているのですから、冨山さんを真犯人だとする独断と偏見がこの地域の人々の心を蝕んでいました。そのうえ、警察も、検察も、それを放任していたばかりでなく、むしろ積極的に助長していたことがわかります。

そして、検察側と同様に、弁護の側からも、被告人にとって有利となる証拠の取り調べが請求されます。これについても、裁判官は検察側にしたのと同じ基準で採用不採用を判断します。

さらに、専門家の鑑定が提出されることがあります。波崎事件では、「青酸カリ」による毒殺事件であると認定されましたので、検察側から、専門家による鑑定が行われています。

刑事事件の裁判では、この「証拠の取り調べ」のあと、「検察官の論告と求刑」「弁護人の弁論と被告人の最終陳述」、そして、「判決」と進んでいきますが、裁判官の仕事を簡単に説明しますと、事実の認定と量刑の判断という二つの大きな仕事をしています。

裁判とは、ある意味において、検察官（訴追側）と弁護人（弁護側）とが対戦するボクシングの試合に似ています。つまり、裁判とは、ルールのある試合であるという点において、それはスポーツに似ているのです。検察官は、法廷において、被告人が有罪であることを立証していきます。弁護人は、それに反駁をしていきます。訴追側が一方的に攻撃し、弁護側が一方的に防御するという、この図式は、とても奇妙なものではありますが、それが「裁判」のルールなのです。「裁判官」は、この変則的なボクシングの審判であると言えます。

検察側は「通常人ならだれでも疑いを差しはさまない程度に、真実らしいとの確信を得る」（最高裁第一小法廷の判例、昭和二十三年八月五日）ように、被告人が有罪であると立証しなければなりません。つまり、検察側は、ごく普通の成人した人であるなら、老若男女を問わず、だれでも、この人は確かに有罪に違いないと納得させなければならないのです。このことを、欧米では、「合理的な疑い」を超える有罪の心証を形成しなければならないと説明しています。

弁護側には無罪を証明する必要もありませんし、義務もありません。このことに対して、読者の多くは奇妙に思われるかもしれません。そして、読者の大半は、きっと疑問に思われるだろうと思います。被告人が無罪だと主張するのならば、どうして無罪を証明しないのか、と。それは証明ができないからではないか、と。

弁護側は、被疑者はもちろんのこと、弁護士も、強制的な捜査権や逮捕する権限や身柄を勾留して取り調べをする権限を持っていません。そのうえ、無罪を証明するための捜査などの活動にかかる費用は、すべて自分の財布から出さなければなりません。ですから、弁護側には、物理的にも、法律的にも、また、経済的にも、とても大きなハンディキャップがあるのです。ところが、検察側はさまざまな権限を持ち、その権力を行使することができます。このような一方的に有利な状況を踏まえて、法律は検察側に有罪の立証という重い義務を課しているのだとされています。

弁護側は、証拠の収集にあたって違法行為がなかったかどうかをチェックし、証拠の持つ証明力の有無を吟味し、その証明力のもつ範囲を限定し、有罪の立証が不十分であることを明らかにすればよいのです。あくまでも、被告人が有罪であるということを立証し、「裁判官」を納得させる責任は検察官にあるのです。ですから、弁護側には無罪を立証する義務はないのです。しかし、九九・九％と言われる日本の有罪率の異常な高さを考えますと、弁護側としては、どうしても無罪の判決をかちとりたいと思えば、実際には、弁護活動として、無罪の証明をしなければならないというのが現状となっています。

第二章「警察について」と第三章「検察について」で説明しましたように、日本では、警察や検察は、しばしば、別件逮捕、見込み捜査、代用監獄を利用した取り調べを行います。そして、被疑者が無罪を主張し、その証拠を挙げた場合、信じられないことですが、無罪の証拠を隠滅したり、有罪を証明する証拠や証人を捏造したりもします。また、日本では犯行を否認している場合、まず、保釈されることがありません。

日本の裁判官には、私たちの多くにとって、身柄を勾留されるということは、それだけで十分に懲罰行為になっているのだということ、基本的人権を侵害されているのだという認識がほとんどありません。そのうえ、裁判所は、警察、検察とともに国家権力の側に属していますから、治安維持を優先する立場から、どうしても両者と癒着しやすい傾向があります。ですから、とても安易に逮捕の許可を出しますし、なかなか保釈を認めようとはしないのです。

日本では、軽微な犯罪においても、長期間の勾留、代用監獄を利用した取り調べが行われています。このため、警察と検察による被疑者や被告人に対する人権侵害は日常的なものであり、慢性的なものになっています。そして、こうしたことに対して、裁判官はとても鈍感です。

とても珍しい供述調書

日本の冤罪事件の大部分には、自白があります。「警察について」の章で述べましたように、代用監獄は自白を取るために悪用されています。ですから、冤罪事件においては、必ず、法廷において自白の任意性が争われることになります。このために極めて珍しいことですが、波崎事件では、取り調べを担当した警察官が、この供述は任意に行われたものであるという調書をわざわざ作成しています。

以下は、一審の水戸地裁第二十二回公判における、弁護人による警察官、市毛勝への尋問です。

弁護人　あなた方は取調べのときに、被告人に対して、お前はこのようなことをやったのではないかというような聞き方はしませんか。

市毛　……露骨には聞きませんです。

弁護人　そうすると、どういう聞き方をするんですか。

市毛　いろいろ関係があるかどうかというようなことで、最初は聞きます。

弁護人　そうすると、後には、こういうことをやったのではないかという聞き方もするわけですか。

市毛　場合によっては、やるようなこともあります。

弁護人　あなたが、被告人がカプセルに入れた毒を飲ませたのではないかというような疑いを初めて持ったのは、いつごろでしょうか。

市毛　いつごろということは、はっきりわかりません。

弁護人　逮捕の前とあとに分けて、どっちですか。

市毛　（…………）

弁護人　逮捕の前ですね、とにかく。

市毛　逮捕の前だと思いますが、いつごろだということはわかりません。

弁護人　逮捕の前、あるいはあとで、被告人に対してカプセルに毒を入れて飲ませたのではないかというようなこと、あるいは被害者は、カプセルに入れた毒を飲ませられて死んだらしいというようなことを言ったことはありますか。

市毛　（…………）

弁護人　お前がやったんだろうということじゃなくても、被告人に対して、あの被害者はカプセルに入れた毒を飲んで死んだものと思われるというようなことを言ったことはありませんか。

市毛　ないと思います。

弁護人　全然、言っていませんか。

市毛　ただ今、申し上げた通りです。

弁護人　それから全部の調書について、もう一度、聞きますが、この前、あなたの証言したところによると、あなたの調書の取り方は、被告人の言うことを自分が代書した感じであるということでしたね。

市毛　はい。

弁護人　その通りですか。

市毛　間違いありませんです。

弁護人　無理に言わせたことは、ないわけですか。

市毛　はい。

弁護人　すべての調書について、そう聞いていいですか。

市毛　私は無理に言わせて、無理に署名捺印させたということはありませんです。

弁護人　その調書は、被告人が積極的に言ったことだけを書いたものですか。

市毛　そうであります。
弁護人　警察官が何かを言わせて書いたというような部分は全然ないんですか。
市毛　ないと思います。
弁護人　証人は、被告人の調書の任意性だけについて調書を作ったことがありますね。
市毛　（…………）
弁護人　あるんですか。ないんですか。
市毛　被告人の言う通りに私等は調書を取ったつもりです。
弁護人　任意性だけの調書について、調書を作ったことがありますか。つまり、事件の取調べを全然しないで、従来の供述は任意にされたものであるという、そういう内容だけの供述調書を作ったことがありますか。ありませんか。
市毛　（…………）
弁護人　（このとき昭和三十八年十一月十九日付、市毛勝作成の供述調書を示す。）ありますか、ありませんか、どうですか。
市毛　ここにありますね。
弁護人　そういう供述調書を作ったのは、どういう理由ですか。
市毛　…………現実に、こうだったから、更に間違いないんだろうということで、これ取ったと思いますね。
弁護人　それは、ただ、そういう供述調書を作るだけを目的として、あなたが被告人を調べたことがあるということですね。
市毛　なんですか……………。
弁護人　あなたは、その取調べのときに、他のことも調べたのか、それとも、供述の任意性だけを調べたのか、どっちですか。
市毛　（…………）
弁護人　その供述調書を作った日に、あなたは殺人事件なり殺人被疑事件についての取調べもしたのか、それとも従来の供述が任意であるかどうかについてだけの取調べをしたのか。
市毛　そうじゃありません。その他にも聞いております。
弁護人　そうすると、なぜ、書いてないんですか。あなたは、被告人が言ったことを代書したと言ったですね。さっき。
市毛　そうです。
弁護人　なぜ、書いてないんですか。
市毛　大したことじゃなくて、事件のことについてであります。けれども、前と同じようなことであったので、取らなかったと思います。十一月十九日のこれは、私が取った最後だと思います。あとは、聞いてないと思います。
弁護人　そうすると、あなたは、そのときに、被告人の従来の供述は任意であるという点が最も重要だと考えたわけですね。
市毛　はい、そのようですね。

弁護人　そして、それを調書に取っておく必要を認めたわけですね。
市毛　取ってあるんだから、そうだと思います。
弁護人　その供述調書を取っておかなければ、どうなると思ったんですか。
市毛　（…………）
弁護人　あなたは従来の供述の任意性について、その調書を作るまでは、どういうふうに思っていましたか。
市毛　ちょっと、意味が…………。
弁護人　それじゃ、従来の供述は任意であるということを言わせた。それだけの調書を作る必要性はどこにあったんですか。
市毛　本人が嘘を言っているというようなことでありますので…………。
弁護人　なんですか。
市毛　本人は、事件に関して決して本当のことを言わないというようなことでありましたから、本当に否認でありました。
弁護人　本人が否認しているから、従来の供述の任意性を確認しておく必要があるということですか。
市毛　はい。
弁護人　本人が否認していても、かまわないんじゃないですか。
市毛　（…………）

弁護人　むしろ、反対じゃないですか。自白しているならば、強制的に自白させられたということで任意性が問題になるかもしれないけれども、否認していれば、普通、任意性は問題にならないんじゃないですか。

市毛　その調書の中には相当、本人が犯人であるというような事実がよみとれるということがあります。そのことについて、これは、強いられて申し上げたんじゃない、私のほうで言ったんだという調書になったわけでございます。

弁護人　そのような被告人の供述の全体を通して、被告人に不利な事実の供述と有利な事実の供述とどっちが多かったんですか。

市毛　（…………）

弁護人　大筋は否認でしたか。自白でしたか。

市毛　原因、動機というようなことについて、それから参考人なんかと不一致な点が多いのでございます。

弁護人　そういうことではなくて、従来の供述は、被告人に有利な事実を認めた部分と不利な事実を認めた部分とどっちが多かったか、大筋として、否認だったのか、自白だったのか、どっちですか。

市毛　否認ですね。

弁護人　普通強制されたとすれば、自白になるわけでしょう。否認を強制する人はいませんね。あなたは、その大筋として否認である調書について、なぜ、特に任意性だけの調書で確認しなければいけなかったんですか。

市毛　この調書は、私達が調べて、これで最後だと言ったら、私が言ったことは間違いないんだというようなことを言い出したので、私、これを取ったと思いますが。
弁護人　それならば、あなたに、その調書を読み上げてもらいましょうかね。終わりの四行を読んでくれませんか。
市毛　ただし、供述内容について、前後して申し上げたことや、細部について若干の相違した点はありましても、原則的にかかわりのないと思われる点は、容認してあります。（証人は朗読した。）
弁護人　あなたが今、言った、間違いないということを言い出したというのは。
市毛　それは調書の取りようでございましょうね。
弁護人　今までの供述は間違いないということを言い出したというんですか。
市毛　私が言っていることは、間違いないんだと、だから、もちろん、今まで申し上げたことは、間違いないんだというようなことを最後に言ったわけでございます。
弁護人　そうすると、あなたは、なぜ、その部分だけを調書を取るのをやめて、特に、任意性に関しての調書を取ったんですか。
市毛　…………被告人がハンストをやったりして、いろいろなことにつきまして、あとで、これは言わないとか、言ったとか、とやかく、言われるというようなことを考えておりましたので、そういったことで書いたと思います。

代用監獄を利用した取り調べでは、しばしば、深夜におよぶ長時間の取り調べや、肉体的生理的な拷問、心理的な拷問や、買収や詐術などが行われています。それはしばしば、法廷においては自白の任意性についての争いとなります。しかし、ほとんどの場合、警察や検察は拷問の事実を隠蔽し、法廷でも平気で偽証をします。

日本の裁判官の多くは、法廷での証言よりも代用監獄という監禁状態で作成された供述調書の方を信用します。ですから、被告人が法廷で無実を訴えても、代用監獄における拷問を訴えても、裁判官のほとんどは信用をしません。「調書裁判」と揶揄されている所以です。

三審制について

死刑を宣告された被告が鉄格子をつかみながら、「まだ、最高裁がある」と叫ぶシーンで終る映画がありました。「八海《やかい》事件」（→付録 P.218）をモデルにした今井正監督の『真昼の暗黒』という映画です。私たちは学校で、「三審制」という裁判制度があることを学習します。ですから、裁判が三回受けられることは知っています。私はこの三審制というのは、そろばんの「ご破算に願いましては」というように、まっさらな状態にもどすことだと理解していました。二審も三審も、法廷に証人や被告人を喚問し、物証を検証する、裁判を一からやり直すことだと理解していました。しかし、実際には、三審制とはそういう制度ではありません。詳細については、渡部保夫さんの『刑事裁判を見る眼』（一八～三九頁）をお読みください。

私たちが理解している裁判とは「第一審」のことです。これは「事実審」と呼ばれています。第二審は、「控訴審」と呼ばれています。渡部さんの著書から引用しますと、「控訴審は、第一審の判決の結論またはこれにいたる手続きに欠陥がないかどうかを審査する裁判手続きです」。ですから、裁判を最初からやり直すわけではないのです。しかし、「控訴審において検察官や弁護人が証拠の取調べを追加して請求することについては法律上かなり厳しい制限がありますが、実際には多くの場合、補充的な証拠の取調べが行われています。」（渡部保夫著『刑事裁判を見る眼』一二六頁）

次は最高裁ですが、これは「上告審」と呼ばれています。もう一度、渡部さんの著書より引用をします。

「最高裁判所の刑事事件に関する主な権限、任務は、第一に『憲法判断』、第二に、『法令の解釈適用の統一に関する判断』です。（中略）最高裁の主な使命は、右に述べた二つの判断にありますから（刑事訴訟法四〇五条）、個々の刑事事件について高等裁判所がした通常的な判断についての審査――たとえば、その事件の事実関係に関する判断が正当であったかどうか（事実誤認）とか、また、ある行為を詐欺罪に該当するとしないで横領罪と判断したことが正しいかどうか（単なる法令違反）とか、あるいは、被告人を懲役八年に処した量刑の判断が重すぎたかどうか（量刑不当）というような審査――これらは一括して『具体的事件の救済』といわれていますが、これは、第二次的使命であります。こういう事柄については、第一審や控訴審の裁判官が全力をあげて適切な判断をするべきである、という建前がとられているわけです。これは諸外国の司法制度においても、同様であります。」（前掲書、二九～三〇頁）

この控訴審と上告審の説明を読んだとき、私は、以前、NHKで放映された『推定有罪』（"Presumed Guilty"）というテレビドラマを思い出しました。『ホワイトハウス』で有名なマーティン・シーンの主演、ポール・ウェンドコス演出で、一九七九年、ブルックリンのマリンパークで実際に起こった強盗殺人事件を題材にしたドラマです。

この強盗殺人事件の、二人組の犯人の顔を見たのは、ただ一人、十五歳の少年だけでした。少年は、確かに、犯人の片方の顔を見ましたが、もう一人の顔は見ていませんでした。少年から証言を取った捜査官は、前歴者カードを調べ、以前の事件で共犯だった男をもう一人の犯人として特定します。その際、この捜査官は同名異人（ミドルネームが異なる）である、ボビー・マクラフリンを前歴者カードの中から抜き出してしまいます。そして、その一枚の写真だけを見せて、共犯者はこいつだろうと確認をさせます。これは明らかに誘導です。このため、少年は、見せられた人物を共犯者だと思い込んでしまいます。

このドラマは、逮捕されたボビー・マクラフリン青年と、マーティン・シーンの演じる父親（彼は里親である）とが、しばしば対立し、不和になっているところから始まります。父親は曲がったことが嫌いな人物であり、誠実が取り得、生真面目な労働者です。それに対して、息子は父親が自分を信用してくれないと不満を抱えており、父親の生真面目さ、融通のきかないところにも反撥を感じています。この里親の夫婦は、ボビーのほかにも里子を抱えており、経済的に余裕がないために、第一審では、国選弁護人を依頼し、彼女の「大丈夫ですよ」という返事を不安に思いながらも、信用することにします。しかし、裁判では、ボビーの友人達のアリバイ証言は訴追側の反対尋問によって崩されてしまいます。そして、裁判の結果は、有罪となります。

父親はボビーの無実を信じて、刑事をしている友人などの協力を得て、事件の捜査を始めます。そして、捜査官（彼は、初めて殺人事件を担当したのです。同僚から、慎重に捜査を進めるようにと注意をされています）が前歴者カードを利用する際に、不注意にも、同名異人である、ボビーのカードを過って抜き出し、少年に共犯者として確認させ、誘導していたということが判明します。そして、第二審が行われます。しかし、またしても、有罪となります。第二審は、事実審ではなく、手続き審だからです。後日、控訴審を担当した判事は、証拠から無罪であるという心証を得ていたが、手続き審であるために無罪という判決を出すことができなかったのだという発言をします。

第一審こそが事実審と呼ばれ、法廷において証拠や証人を検証する、いわゆる「裁判」です。そして第二審以降は、手続き審となります。それは日本だけではなく、多くの国の司法においても同様なのです。ですから、第一審において有罪になると、第二審以降において無罪の判決を獲得するということは、とても困難であるというのが実情なのです。日本の有罪率は九九・九％です。この数字は、とても怖ろしいものです。日本においては、被疑者として逮捕された場合、まず、まちがいなく、有罪の判決を下されるということなのです。ですから、あの有名な、「まだ、最高裁がある」ということばは、日本の司法の現状を全く知らない人のことばなのです。幸いにも、「八海事件」においては、無罪を獲得することはできましたが、それは稀有な例なのです。
『刑事裁判を見る眼』に書かれている、次の文章はなんと苦《にが》いことでしょうか。著者の渡部さんは、最高裁判所の「調査官」を担当されたこともある、とても誠実な、良心的な裁判官でありました。そういう人物の発言ですから、なおさら、その苦さはひとしおです。

「最高裁判所ができてから今日まで約五十年経過し、その間、ごく大まかに計算しても、事実誤認および量刑不当を理由とする上告申立ての総件数は十万件以上と思われますが、『事実誤認』の主張が認められた件数は微々たるものです。最高裁ができてから間もない昭和二十七年、二十八年ころには、年間数十件前後の原判決が事実誤認や法令違反などで破棄されていましたが、その後破棄件数はどんどん減少し、昭和五十年代には年間平均五件程度となり、さらに最近では年間に一、二件、あるいはゼロの年もあるほどに減少しました。また、『量刑不当』の主張が認められた件数も総計で二十数件にすぎません。

なぜこのように稀にしか、この権限が発動されないようになったのか。皆さんご承知のように、松川事件や八海事件や二俣事件や仁保事件などは、この権限の発動によって、それぞれの被告人の生命が救われた典型的な事例です。これほどの重大事件でなくても、この権限の発動によって、被告人の自由や名誉が回復された事例はいくつか存在します。しかし、免田事件や梅田事件や財田川事件や松山事件や弘前事件などについては、被告人その他の関係者の切々たる願いにもかかわらず、この権限は発動されず、その上告の申立てはいずれも無残に排斥されました。そのため、これらの事件で被告にされた人たちはその後二、三十年を経てようやく再審請求によって救済されるまで、筆舌に尽くしがたいほどの苦悩を経験せざるをえなかったのです。それほど重大でない事件をも含めるならば、そのほかにも、最高裁が真剣にその事件を検討しさえすれば被告人の無罪性に気づきえたのに、そうしなかったばかりに、簡単に上告の申立てを棄却してしまい、陽の目を見ずに終った冤罪事件は、おそらくかなり存在しているであろう、と思います。ですから、現実問題としては、『まだ最高裁がある』などという標語に大きな期待を寄せるならば、大きな失望を招くだけに終るでありましょう。」（三一～三二頁）

「自由心証主義」の濫用

波崎事件の第一審を担当した田上輝彦裁判長は、この事件を保険金目当ての計画的な毒殺事件であると認定しています。石本さんが冨山さんの自宅から車を借りて帰宅する直前、冨山さんが頭痛薬と偽って青酸カリ入りカプセルを飲ませた。帰宅途中に青酸カリが効きだし交通事故を起こす。結果、交通事故死として処理され、青酸カリによる保険金目当ての殺人とは見破られない、と推認しています。

しかし、冨山さんの自宅から亡くなった石本さんの自宅までの道路は、両側に民家があり、道幅の広いところで四メートルくらいの、対向車とすれ違うことのできないところです。しかも、当時はアスファルト舗装のされていない、狭い一本道なのです。距離は、約一三〇〇メートル。車で、時速三十キロくらいのスピードで、約三分。現場に行って、この狭い一本道を歩くなり、自動車を運転してみれば、交通事故死として処理されるだけの大事故が起きるかどうかは、誰の目にも明々白々です。全く現実味がありません。

実際に、交通事故は起こらず、妻の石本伸江さんの証言によれば、石本安夫さんは十二時二十分頃に帰宅し、すぐに寝床に入り、そして、暫くしてから苦しみだします。

冨山宅の土間の水道の蛇口から直接に水を飲み、そこで毒入りのカプセルを飲んだことになっていますから、カプセルの溶解時間は重要です。この点に関して、「カプセルの溶解する時間が予測したよりも長くかかった」というのが警察の推論です。カプセルの溶解時間は平均五分（日本薬局です。ところが、裁判官は個人差によって十分以上あるいは三十分かかる場合もあるとの例外を鑑定書の中から見つけ出して、都合のよい手前勝手な解釈で交通事故が起こらなかった理由付けとしています。つまり、裁判官は事実認定にあたって例外の場合のことをあたかも通例であるかのように利用するのです。これは経験則に違反しています。

しかも、「青酸カリ」が使用されていたとするならば、この毒物はごく微量で、しかも即効性のある毒物なのですら、カプセルがすっかり全部溶解する時間ではなく、カプセルの溶解が始まる時間こそが肝腎要《かなめ》であることは明らかです。溶け出したら、すぐに効き目があらわれるからです。これもまた、経験則に違反しています。

石本安夫さんが冨山さんの家を辞去した時刻を特定し、立ち寄り先があったかどうかについて、茨城県警は波崎町内を個別訪問し、大規模な捜査を行っています。波崎町内の約二千世帯の立寄先調査報告書を証拠として法廷に提出しています。しかも、この立寄り先調査を開始したのは事件発生後なんと二カ月以上経過した十一月十三日でした。

しかし、当時の「波崎町」は行政区としては茨城県であり千葉県内ではありませんが、地元においては「千葉らき県銚子市波崎町」と呼ばれるほど、経済的にも、社会的にも、波崎町は銚子市と密接につながっている地域です。このような事情を鑑みれば、波崎町内を個別訪問するのと同様に、銚子市内についても捜査をしなければならないでしょう。事件前日、八日市場市の金融業者の所へ金策に行くために、土地と建物の権利書を一時的に借り受けた相手であるばくち仲間は、銚子市内に居住していたのですから。ところが、茨城県警は行政区が異なっているせいでしょうか、銚子市内について捜査をしていません。なぜでしょうか。青酸カリの入手経路としては、千葉県内も捜査しているのですから、当然、立ち寄り先探しにあたっても、千葉県内をも捜査すべきであろうと思います。しかも、権利書は、あくまでも一時的に返してもらっていただけなのですから、直ちに返却する必要がありました。そのうえ、電話もかかってきていたのですから、権利書を返却しに立ち寄った可能性は十分にあるだろうと思います。

また、事件後、石本さんが所持していたはずの家屋敷の権利書が紛失していることが判明しました。このことは、石本さんが冨山宅から自宅へ帰るまでの間に、どこかに立ち寄ったことの明白な証拠です。しかし、裁判官は二千軒という数に騙されてしまったのでしょうか。このような独断と偏見に満ちた、数字ばかりが大きいだけの杜撰《ずさん》な捜査の報告を信用して、権利書の紛失という明白な証拠に注目しようとしていません。

それから、忘れてはならないことは、被害者の妻である石本仲江さんの証言です。彼女の証言は、本当に信用できるのでしょうか。仲江さんは、法廷において、保険のことは知らなかったと、ひたすら主張していますが、第一審の判決文においても、仲江さんが保険金の額はともかくとして、保険がかけられていたこと自体は認識していたと認定しています。第三者である、保険外交員の三田金市さんの証言などを参照するならば、これは当然の認定であると言えるでしょう。しかし、彼女は保険契約の存在を知りながらそれを知らないと言い張っている人物です。こういう人物の、自分の夫は被告人に毒を飲まされたのだと主張してやまない証言を、何の疑いもなく、頭から丸呑みに信用してしまう態度は、裁判官としては軽率ではないでしょうか。実際に、第一審の後に、仲江さんは保険金の請求を自ら行っているのですから。しかも、自分では保険の掛け金をただの一回も支払ってもいないにもかかわらず、刑の確定後には、保険金を受け取っているのですから。

第一審の判決は、証言することによって利益の得られる唯一の証人（つまり、仲江さん）の証言を、直接的な証拠として被告人を有罪だと断定しました。証拠法から考えれば、仲江さんという証人は「被告人にとって、もっとも危険な証人」だということは、明白な事実です。彼女の証言の信用性は、最大限の疑いの目を持って検証されなくてはならないと考えるのが裁判官としての常識ではないでしょうか。仲江さんの保険契約の認識についての証言の変化を考え合わせれば、仲江さんの証言を全面的に信用することほど非常識で、不合理なことはないと思われます。

波崎事件の第一審の判決文は、予断と偏見に満ちたものとして、日本の司法の歴史に記録されるべきものであろうと思います。少々読みにくいですが、原文のまま引用をしておきましょう。

第一審の判決文の最終章には、次のように述べられています。

「本件石本安夫毒殺事件もまた、ハワイ屋事件と同様、被告人の自白はなく、毒物を飲ませるところを見聞した証人もなく、また毒物の入手先も不明であるが、叙上各証拠を綜合検討した結果、犯人は被告人以外の者であるとは、どうしても考えることができない、すなわち、被告人が犯人に相違ないとの判断に到達したのである。よって、判示各事実は、証拠十分である。」

簡略化すると、この事件は、被告人の自白もなく、目撃証人もなく、毒物の入手先も不明で、物証も一つもないが、犯人は被告人以外の者であるとは、どうしても考えることができない。だから、犯人であるにちがいないという認定です。しかも驚くべきことに、自白もなく、物証もなく、目撃証人もいないけれども、「証拠は十分である」という、これほど非論理的で、まったく理解できない有罪認定は少ないのではないでしょうか。

そして、量刑については、次のように理由を述べて、死刑の判決を下しています。

「殺人既遂《きすい》の罪につき、その情状を慎重勘案すると、まずその実行行為自体、まことに惨忍酷薄なること言語に絶するものがあり、その所期した目的は、いわゆる保険金目当ての計画的毒殺であり、これを実行に移した動機についても、なんら酌《く》むべき情状は毫末《ごうまつ》もなく、被告人のために、にわかに夫を失つた被害者の妻の悲しみや、父を失つたあわれな遺児の悲運は勿論、特異にして稀有《けう》、しかも惨虐無類の犯行として人心に及ぼした影響も重視せられるべきであり、さらに、被害者は、内妻とは言え、共に長年同棲して暮らして来た妻の従弟に当るものであつて、これを惨忍目を蔽《おお》わしむる方法をもつて殺害した点の反倫理性も軽視せらるべきものではなく、なお、所期するところの目的の一つは、絶対に証拠を残さない、いわゆる完全犯罪を試みんとしたものとも見るべきであり、しかして被告人は、現在においてなお、寸毫《すんごう》も改悛《かいしゅん》の情をあらわしておらず、その性格は冷酷にして残忍、自己のためには手段を選ばず、他人の意を介しない反社会性を有していることなどを綜合すれば、情状に酌むものがないので被告人に対する制裁としては、法の定むる極刑即ち死刑を選択するより外はないものと判断されるので、被告人には、判示第四の殺人罪につき、所定刑中死刑を選択する。」

この事件は、被告人の自白もなく、目撃証人もなく、毒物の入手先も不明で、物証も一つもないのは、この事件が保険金目当ての計画的な毒殺事件であり、被告人が完全犯罪を目論《もくろ》んで実行したからであると断定しています。取り調べ中から、一貫して無実を主張している被告人を「現在においてなお、寸毫も改悛の情をあらわしておらず、その性格は冷酷にして残忍、自己のためには手段を選ばず、他人の意を介しない反社会性を有している」と決めつけています。しかし、一貫して無実を主張している被告人に「改悛の情」を示せというのは、全く、奇妙な言いがかりです。なぜなら、「改悛の情」を示すということは、被告人が自分が犯人であると自白し、犯行を自供することだからです。無実を主張している人にとって、自分が犯人であると自白したり、犯行を自供することは論理的に矛盾しているのだということに、この田上輝彦裁判長は気づいていません。

では、田上裁判長は、被告人の自白もなく、目撃証人もなく、毒物の入手先も不明で、物証も一つもないにもかかわらず、どうして有罪を認定することができたのでしょうか。

裁判官の奇妙な論理

稲木哲郎さんの『裁判官の論理を問う』は、徳島ラジオ商殺し事件における、裁判官の判決に奇妙な論理があることを明確に論述している文章です。この著書から、二つの点だけを取り上げておきましょう。

一つ目は、仮説についての裁判官の奇妙な態度です。

「ここまで検討してきた『証拠』は、どれをとっても検察側、弁護側両者の主張のどちらが真実かを判断するための材料にならないものであった。それにもかかわらず、判決はなぜ検察側の主張が真だと断定するのかといえば、おそらく西野の供述の一部に合致するという理由からであろう。ただし、いままでみたとおり、合致するといっても肝腎の切断そのものについてではないが。しかし、これらの証拠を取り上げたときに判決で問題にしていたのは、『西野の供述が真かどうか』ということだったのを忘れてはならない。西野供述は事件直後の警察の捜査段階でなされたものと、八カ月後に徳島地検に別件逮捕されてからのものでは完全に内容が異なり、しかも、徳島地検では約二カ月の間に約三十通もの調書をとられている。このことからわかるように、少年の身にとっては苛酷な取り調べがなされているのだし、その検事調書も内容が一貫しているわけではない。とくに電灯線・電話線切断については供述が何度も変わっている。だからこそ、その西野証言はあくまで仮説として、その真偽を確実な客観的証拠によって検討しなければならないはずだったのである。ところが、その仮説の検証の実態は、『証拠をもって仮説を実証する』のではなく、逆に『多義的な意味をもつ証拠のうちの、仮説に合う側面だけを取り上げて、仮説を否定する側面を無視する』というものであったわけである。別の言い方をすれば、『仮説をもって証拠の意味づけをする』という逆立ちした形になっているのである。科学の考え方によれば、仮説の実証に必要な証拠は、それ自体が独立して仮説を検証できるものでなければならないが、それに対し、この判決でいわれている『証拠』は、仮説ともちつもたれつになってやっと証拠として機能しているものにすぎない。こういう論理は科学の世界にはありえず、実証とか検証とかの名にはまったく値しないのである。しかし、結論は驚くほど断定的なものになっている。」（五二一〜五二三頁）

稲木さんの指摘していることは、裁判官は、証拠を用いて仮説を検証するという科学的な態度ではなく、仮説に適合する証拠だけを事実認定に採用するというきわめて恣意的な態度をとりがちだということです。

二つ目は、裁判官の仮説についての奇妙な受容の仕方です。

「本来ならば仮説を支持しうる実証データがあるかどうかが問われなければならないはずなのに、ここでは逆に『仮説を否定するに足る実証データがあるか』という問題設定となっているのである。このことは『仮説は、否定的な実証データがなければ、積極的な肯定的実証データがなくても受容できる』という考え方が根底にあることをうかがわせる。仮説を受容するには、前半で検討した裁判官の推論や見当違いの証拠で足りるとし、仮説を否定するには厳しい実験則にもとづく実証データが必要だとするこの考え方は、仮説の受容に厳しい制限を要求する科学の論理とは正反対なのである。」（前掲書、六五頁）

仮説とは、実証的なデータによって支持されるかどうかを検証すべきものです。しかし、裁判官は、仮説を積極的に実証し肯定するデータがなくても、否定するデータさえなければ、その仮説を肯定することができるという態度をとりがちだと、稲木さんは指摘しているのです。

つまり、日本の裁判官たちは、有罪か、無罪かの認定にあたって、被告人は有罪であるという仮説から出発しています。たとえて言えば、真っ黒な紙を用意して、証拠が明らかに無罪を示している時は、白い絵の具を塗っていくのです。そして、白く塗りつぶすことができれば、あるいは画面のほとんどが白い絵の具で塗られた時にのみ、無罪を認定するのです。このような発想をする時、画面が白く見える場合は、きわめて例外的なことになるだろうと思います。ですから、膨大な証拠の中から、有罪の認定に利用できそうなものばかりをつまみ食いをしたり、それらをつなぎあわせたりなど、被告人に有利な証拠は切り捨てていき、鑑定については例外の事例を都合よく利用することになるのだろうと思います。

このような日本の裁判官の発想法は、「疑わしきは被告人の利益に」とか、「無罪推定」の原則とは、全く整合していないように思われます。もし、この近代刑事訴訟法の基本原則が正しいとするのならば、まず、真っ白な紙を用意して、それを出発点とすべきでしょう。そして、証拠を一つ一つ検証していきながら、被告人を有罪とする証拠がある時だけ、一つ一つ、黒く塗りつぶしていくべきでしょう。その結果、画面が真っ黒に塗りつぶされた場合か、画面のほとんどが黒いという印象を与える場合にのみ、有罪だという認定をすべきではないでしょうか。

田上裁判長が予断と偏見に満ち溢れた判決文を書くことができたのは、冨山さんを有罪であるとする仮説を出発点としていたからだろうと思います。真っ黒な紙を用意して、事実認定を行っていたからだろうと思います。そのような発想をする限りは、残念ながら、「疑わしきは被告人の利益に」という「無罪推定の原則」が確立されることは決してありえないだろうと思います。

田上裁判長の訴訟指揮

波崎事件の第一審を担当した田上輝彦裁判長の訴訟指揮は、とうてい公正中立とは考えられない、独断と偏見に満ちたものでした。

ここでは、冨山さんが一九九二年六月八日付で日本弁護士連合会宛に提出した「再審請求に関する救済お願い書」の一部を引用しておきましょう。

「（日本弁護士連合会の）先生方におかれましては、まことに信じられないことがらかも存じませんが、本件に関する限り、紛れもなくそれは真実のことであり、全く何らの物的証拠があるわけでもなく、まして身に覚えのないことで自白の致しよう筈もなく、連日休憩なしの、一日十五、六時間にも及ぶ、精神的拷問にも似た過酷な取調べにも耐え抜いて、一度としてそれに屈したことはありませんでした。にも拘らず、恣意にデッチ上げた《推認》《推測》《仮定》《推断》などと言う、自らの仮想に仮託した状況証拠の寄せ集めだけを以って、強引に死刑の判決を下されてしまったのであります。（中略）

爾来《じらい》、警察、検察の飽くなきデッチ上げ工作もさることながら、公判に際しての本件受命裁判官が、それらと同類項の検察畑出身者だったという不運等も重なりまして、中立とは名ばかりの、露骨な検察より姿勢を隠そうともせず、私サイドの主張・弁解等にはほとんど耳を借さず、逆に検察側の論述に破綻が生じそうなケースには、さり気なくこれに『それはこうこういったようなことですね』などと『フォロー』の手を差しのべるなどしており、私は公判中何度歯がゆく口惜しい思いをさせられたかわかりませんでした。

そして、最後、私の最終陳述の段階におきましても、わずか数十分位しか経たないうちに、検察の『被告人陳述は、弁護人の意見とほとんど大差なく、重複に当るのでないでしょうか』という抗議を容れて『大丈夫です、貴方の主張は、最後まで必ず読ませて頂きますから、後は文書で提出して下さい』などと自ら語るに落ちるようなことを言いながら『法廷で述べるのでなければ陳述の意味がありません』との私の抗議も、結局、言を左右にこれを阻まれてしまいまして、昭和四十一年十二月二十四日『何ら無警戒な被害者に対して、鎮静剤と偽って青酸化合物入りのカプセルを飲ませて、交通事故を偽装して保険金詐欺を目論《もくろ》んだ、史上類を見ない悪質な犯罪であるにもかかわらず、被告人は未だ無実を主張していささかも反省の色が見られない』として、自ら判決文の中で、『青酸化合物の入手経路、その所持の事実、これらを証すべき証人、これを与えたとの目撃証人等のいずれも不明であるが』と自認しておりながらも『それでも被告人を有罪とするのを妨げない』という信じられないような強引さで極刑が科されてしまったのであります。」

また、冨山さんは第一審の死刑判決の不当性を訴えるために、第二審の東京高裁に、四百字詰め原稿用紙にして約二百頁に及ぶ膨大な「控訴趣意書」を獄中で書き上げて提出しました。そのなかには、無実であるにもかかわらず有罪とされ、死刑の判決を受けたことへの無念さ、その不当性への怒りが正直に露呈されています。ここでは、「控訴趣意書」の冒頭に書かれている、第一審の田上裁判長を批判している部分をお読みください。

「田上裁判長、並に荒井裁判官の狷介《けんかい》な封建思想の心構えに見られるものは、法治国の名において、あらゆる権力に独立した裁判制度の下、現代の神の座とも言うべき超然たる不犯の場を与えられている正義の使徒としての公正無私の襟度《きんど》と良心に律された、いわゆる〈法は正義なり〉の顕示者としてのそれではなく、全く人間性を喪失した検察的偏見に基いて、或る目的に副う為には、将に、〈法は力なり〉とのファッショ的驕傲《きょうごう》心を堅持して愧《は》じようともしない、一種の確信犯的偏執狂的検察官の態度そのものであり、この限りにおいては、原判決における被告人は、まるで、検事によって起訴され、且《かつ》、検事によって裁定を下されたにも等しい状態であったと言っても決して過言ではないと思料されるものであり、これをいうならば、本件原判決に関する限り、それは正に、あたかも、裁判官不在のかの中世紀的奴隷裁判を彷彿《ほうふつ》とさせるような、まことに恐るべき要素を秘めた暗黒裁判以外の何ものでもなかったと言うことが出来るのではないかと考えられるものである。

勿論、この間における田上裁判長並に荒井裁判官の臨廷態度も亦《また》、右の事情をそっくりそのまま裏書きするかの如く、さながら、自らの価値をその裁判席のように、一般の人間よりは一段高い場所にあるというエリート意識を誇示するかの如く、極めて露骨に、弁護人並に被告人等を見くだすような態度を隠そうともせず、後にも詳しく述べる心算《つもり》ではあるが、被告人や一部の証人達に対しては、如何にも小馬鹿にしたような口調で『お前さんは』と言うような言葉を頻発したり、亦、弁護人等に対しても、如何にも露骨にその若さを嘲笑するような調子で慇懃《いんぎん》無礼な態度を以《もっ》て望む等、その不遜な態度はまことに目に余るものがあり、如何にも、真向うから権力の凶器を振りかざしての暴力主義を標榜するかの如き封建的態度は、全く、民主国家における良識の象徴たる各級裁判官各位の風上にも置けない態度ではあるまいかと考えられるものであります。」

波崎事件の第一審の田上輝彦裁判長は、とうてい、公正中立とは考えられない、独断と偏見に満ちた訴訟指揮を行っています。司法関係者は、田上裁判長は例外であり、ほとんどの裁判官は、誠実に、公正に、その職務を遂行していると説明されるかもしれません。しかし、私はそうは思いません。確かに、田上裁判長は極端な例ではありますが、例外ではないのです。稲木さんが『裁判官の論理を問う』のなかで述べられていることは、田上裁判長についても完全に該当しているからです。そして、第二審を担当した東京高裁の裁判官たち、最高裁の裁判官と調査官たちも、冨山さんに対して死刑の判決を下しているのですから。

裁判所の問題点

裁判所の抱えている問題点については、弁護士の生田暉雄さんが、伊佐千尋著『島田事件』の解説として書かれた、「日本の刑事裁判の課題」という文章にゆずりましょう。

日本の裁判所は、最高裁を頂点とするピラミッド型の組織であり、官僚統制が行われている。裁判官には市民としての政治活動の自由がない。裁判官には労働組合を結成する権利がない。転勤や俸給の制度が裁判官の独立に悪影響を与えている。これらのことから、「ヒラメ裁判官」という揶揄が使われています。この他にも、数多くの問題点が明解に指摘されています。

第六章　陪審制と参審制、そして裁判員制

陪審制と参審制について

ＪＲ新宿駅の東口を出て、地下道を通って地上に出てくると、タモリの司会進行で有名な「笑っていいとも」の収録をしている新宿の「アルタ」の前に出ます。その裏側に、シアタートップスという劇場がありました。八六年二月、私はレジナルド・ローズ作、額田やえ子訳、ふじたあさや演出の『十二人の怒れる男』を観るために、その劇場に行きました。それが私と「陪審制」、「陪審裁判を考える会」との出会いでした。この公演は、「陪審裁判を考える会」の主催で、「司法を市民の手に！　公演とシンポジウム」という企画だったからです。劇場の入口では、演出者のことばや、出演者たちの自己紹介が掲載された公演のパンフレットの他に、沢登佳人先生の手書きの資料「陪審のない刑事裁判はアルコールの抜けた酒である」（Ｂ４サイズ２頁）や、「聞いてください!!　無実の人々の声を」というチラシなどが手渡されました。

シンポジウムには、「陪審裁判を考える会」代表の伊佐千尋さん、弁護士の大塚喜一さん、新潟

大学教授（当時）の沢登佳人先生の三人が登場されました。伊佐さんは、「陪審は国民性には左右されない」ということ、「陪審員は評議において他人の意見によく耳を傾ける」という話をされました。大塚弁護士は、千葉大チフス事件が冤罪であるという話とともに、「代用監獄をなくさなくては陪審は活かせない」ということと、死刑廃止の話をされました。沢登先生は、「職業裁判官は誤判を犯しやすく、素人裁判官（陪審員）の方が真実を見つけやすい」ということ、「陪審裁判では真犯人が無罪になるケースが増えるかもしれないが、冤罪はほとんど根絶される」と主張されました。私は、特に、沢登先生の話に感銘を受けました。そして、沢登先生に手紙を書いたり、「陪審裁判を考える会」に入会したりして、陪審裁判の制度について少しずつ学習していきました。

陪審制という制度は、欧米を中心として、多くの諸外国で、採用されている裁判の制度です。しかし、単なる裁判の制度ではありません。むしろ、近代憲法の基本思想である民主主義、人民主権と深く、強く結びついているものです。

主権者が「国民」であるということは、立法権、行政権、司法権という三つの国家権力の運営に、主権者が参加しているということを意味しています。立法権については、選挙権と被選挙権があります。行政権については、条例の制定・改廃についての請求権や、解職請求（リコール）権などがあります。司法権については、無作為に抽出された一般市民の中から陪審員を選び、有罪か無罪かを審議し判定する制度である陪審制があります。

日本国憲法の三大原則は、国民主権、基本的人権の尊重、平和主義です。もちろん、近代憲法の一つであり、民主主義を基本原則にしており、諸外国の憲法と多くの点で共通しています。ところが、日本には市民が司法権に参加する制度である陪審制がありません。それは大きな欠陥であると、多くの司法関係者から指摘されています。

陪審制の実現を望んでいる人々や、「陪審裁判を考える会」の会員の多くは、陪審制とは主権者である「国民」が参加する制度であるという点を高く評価しています。市民が参加することによって、司法が身近なものとなり、市民の主権者意識が高まり、人権意識も鋭くなり、裁判への関心も深まっていくだろうと期待しています。そして、何よりも、市民の司法への参加は「民主主義の要請」であるというのが、共通認識です。陪審制には、冤罪の防止に役に立つという側面もあります。しかし、陪審制とは主権者である市民が司法に参加する制度であるばかりでなく、民主主義を標榜する国家においては必要不可欠の政治制度であるということが、第一番に重要な点なのです。

ここで、トクヴィル著『アメリカの民主政治（下）』から引用をしておきましょう。

「陪審は何よりもまず第一に政治制度なのである。それは人民主権の一様式と考えられるべきである。」（二〇八頁）

「陪審は人々に公平無私を実行するように教える。ひとりびとりの人は自らの隣人を裁判することによって、自分もいつか裁判されることになるかも知れないと思う。」（二〇九頁）

「陪審は人々に私事以外のことに専念させるように強いることによって、社会のかびのようなものである個人の自己本位主義と闘う。／陪審は驚くほどに人民の審判力を育成し、その自然的叡智をふやすように役立つのである。これこそは陪審の最大の長所だとわたくしには思われるのである。

陪審は無料のそして常に公開されている学校のようなものである。」（二一〇頁）

陪審制とは、『十二人の怒れる男』などを観て、そのイメージから推量しますと、十二名の一般市民が合議をする裁判の制度であると思い込みがちです。私も、最初のうちは、この合議の部分だけを陪審制であると思い込んでいました。被告人は有罪であるか、無罪であるかを十二名で合議することは、とても重要な部分ではありますが、じつは、それは陪審制の一部分でしかありません。陪審制とは、被疑者の逮捕から始まって、有罪か無罪かの判決が出るまでの刑事手続き全体に深く密接に結びついています。つまり、「陪審員」に選ばれた一般市民の代表が公正で誤りのない判断ができるように、証拠法則や様々な手続き全体が誤判を生まないようにとても注意深く工夫され改良され続けてきているのです。

被疑者の逮捕にあたっては、第二章でも述べましたが、「ミランダ・ルールの告知」があります。このルールの名前は、一九六六年、アメリカの連邦最高裁判所が被疑者の黙秘権を保障することを宣言した判決の事件に由来しています。警察官は被疑者を逮捕したならば、黙秘権があるということ、供述をすれば不利な証拠になりうるということ、弁護士の立ち合いを求める権利と、お金がなければ公費でつけてもらうことができるということ、以上の四つのことがらを被疑者がよくわかるように、専門用語を使わずにやさしい言葉で説明しなければならないというルールです。

もし、被疑者を逮捕した警察官がこのルールに違反し、「ミランダ・ルール」の告知をしていない場合は、たとえ自白をとっていたとしても、それを裁判においては証拠とすることができません。

陪審制が採用されている欧米諸国では、逮捕後、拘束できる時間は、たいていは二四時間で、最長でも四八時間（二日）以内、とても短いのが普通です。

フランスには予審の制度があります。予審判事は公平中立の立場から捜査の指揮をとり、原告側、被告側双方にとって公正で適正な捜査を行います。日本のように、検察官が捜査の指揮をとり、警察は被疑者にとって不利な証拠のみを捜査するということはありません。被疑者（被告人）も、自分に有利な証拠や証人を見つけるように予審判事に指示することができます。

予審判事は、収集した証拠をすべて、原告側にも、被告側にも、有利なものも、不利なものも、平等に全面的に公開します。それをもとにして、原告側も、被告側も、公判の準備をすることができます。これは当事者対等の原則にもとづくものです。

欧米諸国の裁判所は、「人質司法」と揶揄されている日本の裁判所と異なり、原則的に、直ちに、被疑者を保釈します。

被疑者の取り調べも、日本のように「冤罪の温床」と呼ばれる代用監獄（監禁状態での取り調べ）を利用することはできません。被疑者は「無罪推定」の扱いを受け、取り調べは拘置所において行われます。長時間の取り調べや深夜の取り調べなどはできませんし、食事の制限をしたり、睡眠の妨害をしたりということもできません。また、脅迫や偽計などが行われないように、取り調べの様子は録音、録画されています。

被疑者を特定する「面通し」をする場合も、目撃証人に、暗示と誘導を与えないように、一人ずつではなく、複数の人間を同時に見るようにして行います。「イギリスの警察では、嫌疑をかけられた被疑者と性、人種、年齢、体重、服装、容貌などの似ている人物を八人以上連れてきて、その中に被疑者を入れてその中から『あなたが見た犯人を選んでください』と告げて選ばせる」（渡部保夫著『刑事裁判を見る眼』二三五頁）ようにしています。

裁判を始める前に、陪審員の選任が行われます。訴追側と弁護側双方の当事者が陪審員の候補者に色々と質問をし、公正な判断ができる市民の代表を選ぶよう工夫されています。

また、捜査を担当した予審判事は公判を担当することはできません。捜査と裁判とを完全に分離し、公判に予断と偏見を持ち込むことを排除するためです。

日本の裁判官は、事実を認定し、それにもとづいて有罪か無罪かを判断することと、もし有罪の場合にはどのような刑罰を科するのが適当であるかについての量刑の判断をすること、この二つの仕事をしています。しかし、陪審制においては、この二つの仕事は完全に分離独立させられています。事実認定をし、それにもとづいて有罪か無罪かを判断するのは陪審員の仕事です。そして、有罪とされた場合に量刑の判断をするのは裁判官の仕事です。ですから、裁判官は陪審員が公正中立の立場を保持し、適正で誤りのない事実認定ができるように、そして裁判が迅速に進行するように訴訟指揮することに専念することができます。

裁判の中心は「証拠調べ」ですから、裁判官は、証拠能力があるかどうかを決定し、証拠能力のないものは陪審員には見せないようにします。それは必要不可欠で、しかもとても重要な仕事です。違法に収集された証拠を排除することは、事実認定の問題ではなく、法律の問題だからです。真実発見のためという理由で違法な捜査を許していたら、必ず、人権の侵害が起きるからです。

陪審員は、公判の期間中は、予断と偏見を持たないようにするために、たいてい、外部から隔離され、家族や会社の同僚などとの接触も大きな制限を受けます。そのうえ、陪審員は一般の市民から選ばれていますから、市民の義務として裁判に参加するとしても、職業を持っており、長期間の休暇をとることはできませんから、裁判はできるだけ迅速に効率よく進行させなければなりません。このため、陪審制においては、裁判は、毎日、開廷され、短期間の集中審理が行われます。

陪審制においては、逮捕から裁判の判決が出るまでの期間、被疑者（被告人）はずっと「疑わしきは被告人の利益に」という「無罪推定」の扱いを受けます。しかし、「被告人」という立場は人権を大きく制限しますから、できるだけ早急に解消して、人権を回復し保障しなければなりません。そういう点でも、迅速で公正な裁判を行う必要がある訳です。

陪審制の裁判においては、取り調べ段階で作成された供述調書などは、原則として、証拠としては提出することはできません。ですから、日本の裁判官のように、供述調書を読んで心証を得るということはできません。この点でも、「代用監獄」を悪用したり、自白を強要したり、拷問をしたりということが起こりにくくなっています。

陪審制の裁判では、証拠物（物証）は直接公判に提出され、証人も公判に出頭して口頭で直接に証言しなければなりません。陪審員は、すぐ目の前で展開される物証や生の証言と、それをめぐっての原告側と被告側のやりとりを目撃し、その印象から、事実を認定し、有罪か無罪かの心証を自由に形成していきます。それを「自由心証主義」といいます。そのうえ、裁判は公開の場において行われますから、裁判が公正に適正に行われているかどうかを国民は容易に監視することができます。

裁判のもっとも重要な仕事は、事実を認定し、被告人が有罪か無罪かを判断することです。地域社会を代表する、公正中立な判断ができると思われる十二人の市民が選ばれ、市民の代表として、このもっとも重要な仕事を担当します。だからこそ、陪審制とは人民主権にもとづく、市民が直接に参加する民主主義の政治制度であると言える訳です。

次に参審制について説明しましょう。参審制の代表はドイツですから、それを例にしましょう。

「〔参審制とは〕市町村の推薦名簿にもとづいて裁判所の委員会が一般市民のなかでもかなり学識のある人を選んで一定期間裁判官となるための研習を受けさせた上で一定期間（現在は四年）職業裁判官と同じ資格・権限で職業裁判官と一緒に幾つもの裁判に当たらせる、というものです。だから職業裁判官と同様、予審調書も読めるし証拠能力と証明力についても判決についても職業裁判官と一緒に評議し決定します。陪審制のように一つ一つの事件ごとに選ばれるものではなく、数も少ない。裁判官三人に対して二人といった程度です。」（沢登佳人著『刑事陪審と近代証拠法』一二頁）

陪審制と参審制との違いは、一般市民の代表である素人だけで評議をするか、一般市民の代表と裁判官とが一緒に評議するかという人員構成の違いのみに注目されがちですが、それは表面的な違いにすぎません。一番重要な相違点は、市民の代表が、名目的にも、実質的にも、真に主権者である市民の代表にふさわしく、主体的に判決を行っているかどうかという点にあります。参審制においては、参審員の役割は職業裁判官に付随するものでしかありませんから、とうてい、市民の代表が主権者として司法に参加しているとは言えません。ですから、参審制は人民主権にもとづく民主主義の政治制度であるとは言えない訳です。

「参審員」は職業裁判官と同じ役割ができるように研修を受けて、長期間にわたって裁判官の役割を果たしますので、裁判のやり方も「陪審制」とは大きく異なり、被告人の基本的人権を擁護することよりも治安の維持を優先しがちですし、供述調書類を読むこともできます。

以上のように、参審制は「推薦」という選ばれ方や、研修を受け、長期間にわたって職業裁判官と同じ役割をする点においても、陪審制とはまったく異なる制度であると言えます。

裁判員法成立までの流れ

二〇〇六年八月、私は横浜で行われた「陪審裁判を考える会」の公開シンポジウムに参加しました。そこで、森野俊彦さん（大阪高等裁判所の裁判官）が「より良い評議、より良い判決を求めて」という題で講演されるのを聞きました。森野さんは、現在、日本で進められている司法改革は、「現行の刑事裁判の問題点に対する反省、改革の意思が反映したわけでは必ずしもなく、市民運動の盛り上がりの成果でもない」と説明されたうえで、今こそ、「改革の好機であり、『よい裁判を実現する』絶好の機会だ」と述べられました。

私は、森野さんの発言を聞いて、確かに、現在進行中の司法制度改革は、森野さんが述べられているように、「現行の刑事裁判の問題点に対する反省、改革の意思が反映したわけでは必ずしもなく、市民運動の盛り上がりの成果でもない」というのは、客観的な事実であり、日本の現状であると思いました。

しかし、つい最近になって、次のような年表を作成してみて、そのような私の感想は誤りであったことに気がつきました。

一九六〇年　上田誠吉、後藤昌次郎共著『誤まった裁判』
一九六三年「松川事件」無罪確定
一九六三年「吉田岩窟王《がんくつおう》事件」（→付録P. 214）無罪確定
一九六八年「八海《やかい》事件」無罪確定
一九六八年「青梅事件」無罪確定
一九七五年「白鳥《しらとり》決定」（→付録P. 205）
一九七六年「財田川《さいたがわ》事件」で、「白鳥決定」を補充する判例が出る
一九七七年「弘前大学教授夫人殺し事件」無罪確定
一九七八年「弁護人抜き裁判法案」国会に、上程
一九七九年　国際人権規約、批准
一九七九年　青木英五郎著『日本の刑事裁判――冤罪を生む構造』

一九七九年　後藤昌次郎著『冤罪』
一九八〇年　最高裁、裁判官の綱紀粛正を求める訓示
一九八一年　青木英五郎著『陪審裁判』
一九八二年「拘禁二法案」国会に、提出
一九八二年「陪審裁判を考える会」発足
一九八二年「九州陪審裁判を考える会」発足
一九八三年「免田事件」無罪確定
一九八四年「財田川事件」無罪確定
一九八四年「松山事件」無罪確定

この年表には、一九六八年、六九年の学生運動の盛り上がり、「七〇年安保闘争」を記入すべきかもしれません。また、六九年の「平賀書簡」問題や、七〇年の、最高裁による青年法律家協会（青法協）会員である修習生二名への任官拒否なども、明記すべきかもしれません。しかし、あまりにこまごまと記入をすると、肝腎な点がわかりにくくなることもあります。さしあたりは、これで充分であろうと思います。

読者の皆さんに注目していただきたいことは、青木英五郎さんの『陪審裁判』の出版や、「陪審裁判を考える会」の発足は、「免田事件」、「財田川事件」、「松山事件」の無罪判決が出る前だということです。粘り強い活動によって、死刑が確定していた免田さん、谷口さん、松山さんたちが再

審で無罪判決を獲得し、青木英五郎さんが指摘している、日本の「冤罪を生む構造」が一般の国民に注目されるようになりました。

一九八五年　「徳島ラジオ商殺し事件」無罪確定
一九八五年　平野龍一「現行刑事訴訟法の診断」
一九八六年　「新潟陪審友の会」発足
一九八七年　ローク・M・リード、井上正仁、山室恵共著『アメリカの刑事手続』
一九八七年　宮本三郎著『陪審裁判――市民の正義を法廷に』
一九八八年　矢口洪一最高裁長官、国民の司法参加の検討を示唆
一九八八年　大阪弁護士会、アメリカへ陪審裁判の視察団を派遣
一九八八年　丸田隆著『アメリカ陪審制度研究』
一九八九年　「島田事件」無罪確定
一九八九年　大阪弁護士会『陪審制度――その可能性を考える』（第一法規出版）
一九八九年　海沢利彦著『陪審制・市民が裁く――冤罪構造の克服』
一九八九年　下村幸雄著『刑事裁判を問う』
一九八九年　自由人権協会著『陪審裁判の実現に向けて』
一九九〇年　日弁連、司法改革宣言
一九九〇年　ザーマン著『陪審裁判への招待』

一九九〇年　新潟陪審友の会『陪審裁判――試案、解説、資料』
一九九〇年　陪審裁判を考える会『陪審法試案（第一稿）』
一九九〇年　パトリック・デブリン著『イギリスの陪審裁判』
一九九〇年　丸田隆著『陪審裁判を考える――法廷にみる日米文化比較』
一九九〇年　篠倉満「国民の司法参加序説」
一九九一年　大分県弁護士会による「当番弁護士制度」発足
一九九一年　「裁判傍聴（ウォッチング）運動」全国各地に広がる
一九九一年　弁護士任官制度始まる
一九九一年　ショーン・エンライト、ジェームス・モートン共著『陪審裁判の将来』
一九九一年　佐伯千仭著「陪審裁判の復活のために」
一九九一年　後藤昌次郎編『陪審制度を考える』
一九九一年　五十嵐二葉著『代用監獄』
一九九一年　五十嵐二葉著『犯罪報道』
一九九二年　渡部保夫著『無罪の発見』
一九九二年　全国五十二弁護士会に「当番弁護士制度」の体制ができあがる
一九九二年　東京弁護士会編『陪審裁判――旧陪審の証言と今後の課題』（ぎょうせい）
一九九二年　小林道雄著『日本の刑事司法――なにが問題なのか』
一九九三年　東京三弁護士会・陪審制度委員会編著『ニューヨーク陪審裁判』

戦後四十年、日本の司法制度が抱える問題点が誰の目にも明瞭になってきていました。八五年の平野龍一「現行刑事訴訟法の診断」（いわゆる、「絶望論」）は、大きな注目を浴びました。

「実際わが国の第一審は実は検察官の裁判に対する控訴審にすぎない、といえなくもないのである。（中略）このようにわが国の刑事訴訟の実質は、捜査手続にある。しかもその捜査手続は、検察官・警察官による糾問手続である。そこにわが国の刑事訴訟の特色がある。」（平野龍一「現行刑事訴訟法の診断」、『団藤重光博士古稀祝賀論文集』第四巻所収、四〇九頁）

「欧米の裁判所は『有罪か無罪かを判断するところ』であるのに対して、日本の裁判所は、『有罪であることを確認するところ』であるといってよい。この違いは、第一には公訴を提起するのに必要とされる嫌疑の程度と公判における無罪率に現れている。」（前掲書、四〇七〜四〇八頁）

篠倉満さんは、「国民の司法参加序説」（『熊本法学』六九号、四七頁）において、平野論文を引用しながら、「今日本の裁判はうまくいっているかというと、実はうまくいってはいない。裁判は非常に長くかかるし、おまけに誤判は続出している。今の裁判の有罪率は異常なほど高く（反面無罪率は極端に低い）、『裁判の形骸化』も進んでいる。日本の裁判は今や危機的な状況にあるといってよい。ちなみに今の裁判官による裁判に絶望感を抱く人が最近ますます増えているのである」と指摘します。さらに、「周知のようにわが国では裁判は、連日開かれない。公判は、一ケ月に一回とか二ケ月に一回とか飛び飛びに開かれる。それで被告人が争っている事件などでは、裁判は気が遠くなるほど長くかかる。裁判が一審だけで三年も五年もあるいは七年もかかるのは決して稀ではない。」（『熊本法学』七〇号、一三八頁）と「千日裁判」と呼ばれる現状を報告しています。

さらに、「英米では法廷は、両当事者がここで『丁丁発止』と渡り合うところ、対決するところ、つまり論争の場となっているが、わが国においてもそうなっているだろうか。残念ながら、わが国ではそうなっていない。すなわち、大抵の事件ではそもそも争いがないし、公判は形骸化している。被告人は有罪か無罪か、もう捜査の段階で決着がついてしまっていて、公判はそれを、被告人が有罪であることを確認する場みたいになってしまっている。公判はセレモニー化している。つまり言い換えると、公判は、ここで真相が明らかにされる。有罪、無罪の決着がつけられる、そういう場にはなっておらず、捜査結果をここで追認し有罪の仕上げをする、そういう場みたいになってしまっている。英米におけるように法廷は論争の場となっていなくて、訴訟の中心は起訴前の捜査にあるという感じである。」（前掲誌、一五四頁）と、裁判の「形骸化」を指摘し、平野論文と同じ主張をしています。

「わが国の裁判の現状はどうかというと、それはひどいもので、口頭主義は生かされず、調書が多用され、裁判は、『調書裁判』の感を呈している。しかも調書が逐一朗読されることは稀で、要旨の告知さえ省略されることが多いという。それならば裁判官はどこで心証をとっているかというと、裁判官は裁判官室や自宅で、つまり法廷外で調書を読んで心証をとっているのである。これが、飛び飛びに開かれるわが国の裁判の実態である。たしかにわが法も英米法にならって『伝聞法則』を採用し、原則的に書面の証拠能力を奪った。しかし伝聞法則の例外が大幅に認められたばかりでなく、裁判官も書面の証拠能力を安易に認めてしまう傾向にあるのである。裁判官がこのように調書を多用し、法廷外で心証をとることが望ましい裁判のあり方でないことは明らかであろう。」（前掲誌、一五六頁）と「調書裁判」と呼ばれる現状を批判しています。

日本の司法の現状について、多くの司法関係者がその「形骸化」、「千日裁判」、「調書裁判」を憂えるようになっていました。そして、その原因が「検察官司法」にあるという共通認識を持つようになっていました。このような現状を踏まえて、多くの人々が、その改革案としての「陪審制」に注目するようになりました。法曹三者がそれぞれ「陪審制」についての調査と研究を始めました。

また、戦前に行われていた、日本の「陪審制」についての見直しが行われました。篠倉論文では、「まず簡単に実施状況を見ておくと、陪審裁判は出だしの昭和三年、四年がピークでその後は次第に件数は減り、昭和十六年はわずか一件、十七年は二件となり、ついに第二次世界大戦中の昭和十八年に陪審法はその施行を停止されてしまう。この十五年間に陪審の評議に付された事件は全部で四八四件で、陪審裁判の結果の内訳は有罪が三七八、無罪が八一、控訴棄却が一、陪審の更新が二四となっている。有罪率は七八・一%、無罪率は十六・七%である。」（『熊本法学』六九号、七四頁）と、紹介しています。戦前の「陪審法」には多くの問題点がありましたが、十六・七%という無罪率が示しているように、冤罪の発生を防止する効果は充分に発揮されていたことがわかります。そして、旧「陪審法」は戦争の熾烈化を理由に「停止」されただけですから、旧法を修正、改良したうえで、陪審制を「復活」させようという声が高まっていきました。それとともに、「当番弁護士制度」や「裁判傍聴（ウォッチング）運動」が全国に広がっていきました。

一九九六年　佐伯千仭著『陪審裁判の復活』
一九九七年　四宮啓著『O・J・シンプソンはなぜ無罪となったか』
一九九八年　新潟陪審友の会編『市民の手に裁判を』
一九九九年　「司法制度改革審議会」設置
二〇〇〇年　中原精一著『陪審制復活の条件——憲法と日本文化論の視点から』
二〇〇一年　沢登佳人著『刑事陪審と近代証拠法』
二〇〇一年　「審議会」解散、意見書の提出。「司法制度改革推進本部」設置
二〇〇四年　裁判員法成立

しかし、九九年に「司法制度改革審議会」が設置され、司法改革が進みだしたとき、森野さんが指摘していたように、「市民運動の盛り上がり」がありませんでした。そのため、司法改革は法務省と最高裁の主導するものとなっていきました。

裁判員裁判は、選挙人名簿から無作為に抽出された一般の市民の中から六名の「裁判員」を選ぶという点では「陪審制」によく似ています。しかし、三名の裁判官が加わった合計九名で評議をしますから、人数の構成と裁判のありようからすると、それは「参審制」に近いものです。また、陪審制では素人の裁判官である「陪審員」は事実の認定をし、有罪か無罪かの判定をします。しかし、「裁判員制」では、そればかりでなく、量刑の判断もするという点でも、「陪審制」よりは「参審制」に酷似しています。ところが、市民から選ばれた「参審員」は研修を受け、数年間にわたって「裁

判官」の仕事をしますが、「裁判員」は研修をうけることなく、裁判に参加するのも一回限りです。その点では、「参審制」よりも、「陪審制」と同じになっています。「裁判員制度」は、このような「陪審制」と「参審制」との奇妙な混合物になっています。司法改革がいつの間にか、法務省と最高裁の主導するものになってしまったために、このような前代未聞の制度を発明することになったのだと思います。

私は、この年表を作ってみて、八五年の平野龍一論文に代表されるように、多くの司法関係者が「現行の刑事裁判の問題点に対する反省」をした時期があったことは事実であり、その改革案として「陪審制」を実現しようという方向に向かっていた時期があったということも事実であることに気づきました。

裁判員制度の問題点

二〇〇九年五月の、裁判員制度の実施が近づいています。これに伴って、「刑事訴訟法」の改正、検察官による取り調べの録音・録画という「可視化」の試行、監獄制度の見直し、法曹関係の専門用語の見直しなど、さまざまな変化が起こっています。しかし、日本の「冤罪を生む構造」であると指摘されてきた数多くの問題点は改善されないままになっています。このまま裁判員制度を実施するならば、冤罪を増やすことにもなりかねません。「裁判員制度」については、抜本的に改善していかなければならないことが、まだまだ、たくさんあります。

裁判員による裁判が公正に行われるようにするためには、訴追側と同様に、弁護側のためにも、「無罪」を証明する方向での捜査が十分に行われることが必要です。警察は公正中立な捜査機関とならなければなりません。また、捜査が適正に行われているかどうかのチェックも必要です。そのためには、警察と検察と裁判所の三者がそれぞれ独立し、相互に監視する機能を強化する必要があります。そのうえ、この三者についての市民による監視機関も必要となります。そして、できることならば、公平中立の立場から捜査を行う予審制度を実現すべきでしょう。被疑者（被告人）・弁護人の捜査統制権（弁護側に有利な証拠、証人を捜してもらう権利）を擁護し、保証しなければなりません。現行の制度では、原告側である検察官、警察官が全捜査権をもっていますから、被疑者は事実上、単なる取り調べの対象となってしまい、人権侵害が容易に行われます。ですから、予審制度とは当事者主義の柱であるばかりでなく、被疑者の人権を擁護するために欠くことのできない制度でもあると言えます。

被疑者段階で、基本的人権が十分に擁護され、「無罪推定」の原則が確立されるためには、弁護士の役割が今まで以上に重要になってきます。現行のような、弁護士が被疑者（被告人）と面談する時間をはじめとする、被疑者（被告人）の防御権を大幅に制限する諸法規は早急に廃止するか、大幅に緩和しなければならないでしょう。

日本の検察には、現行では、証拠を全面開示する義務はありませんが、このことが冤罪を生む大きな原因になっています。また、再審のための弁護活動を妨害してもいます。証拠の全面開示と、その全証拠のリストの作成は義務付けるべきでしょう。また、検察の上訴権は廃止し、「二重の危険」をなくして基本的人権を擁護する必要があります。

裁判員の候補者に対しては、裁判所内において、ビデオの上映会や説明会などを実施し、充分なオリエンテーションを実施すべきでしょう。また、裁判員の候補者も、裁判員も、裁判に参加して市民としての義務を果たしやすくするために、保育や介護などの必要な出費についても、公費で補償し、経済的な負担をかけないようにする必要があるでしょう。

裁判員の選任は、現在は公判を担当する裁判官が候補者を個別に面接し質問する方式で行われることになっています。しかし、選任手続きはアメリカのように公開の法廷で集団的に、訴追側と弁護側双方の当事者からの質問と忌避（陪審員として採用しないこと）とによって行うべきでしょう。

裁判員制度では「公判前整理手続」をする裁判官と公判を担当する裁判官は同じですが、これは公平で公正な裁判を実現するためにはできるだけ早急にやめるべきでしょう。また、「公判前整理手続」にあたっては、弁護側に準備のための時間を充分に保障する必要があるでしょう。さらに、弁護側の調査費用を公費でまかなうことも必要になるでしょう。

公判においては、「裁判員」に予断と偏見を持たせないようにし、当事者主義のもと、直接主義、書証（法廷外で作成された供述調書などの書類）の排除を徹底し、口頭弁論主義を実現して、公正で適正な裁判が迅速に行われるようにしなければなりません。また、裁判員への説示は、すべて公開の法廷の場で行わなければなりません。そして、「裁判員」にわかりやすい公判の進行を工夫する必要があります。訴追側も、弁護側も、専門用語の使用を少なくし、わかりやすい言葉を使うよ

陪審制・参審制・裁判員制の特徴比較

	陪審制（アメリカ）	裁判員制（日本）	参審制（ドイツ）
対象となる事件	1年以上の有期の犯罪	重罪・法廷合議事件	ほぼ全ての刑事事件
自白の場合、否認の場合	否認事件だけ	自白、否認とも	自白、否認とも
被告人の辞退	認める	認めない	認めない
市民の参加数	12人	6人（5人制なら4人）	2人（5人制なら2人）
裁判官の参加数	1人	3人（5人制なら1人）	1人（5人制なら3人）
市民の参加資格	特にナシ	特にナシ	アリ
選任方法	抽選	抽選	政党、自治体等の推薦
当事者による選任手続き	アリ	ナシ	ナシ
任期	1回の公判のみ	1回の公判のみ	4年間
市民の権限	事実認定、評決	事実認定、評決、量刑	事実認定、評決、量刑
証拠の排除	関与しない	？	関与する
取調べ調書の扱い（市民）	読まない	？	読まない
取調べ調書の扱い（裁判官）	読まない	？	読む
公判（立証）の方法	直接主義、口頭主義	調書、尋問	調書、口頭主義
市民の質問権	原則としてナシ	アリ	アリ
裁判官の説示	アリ	アリ（ただし法廷外で）	ナシ
評議の方法	陪審員だけ	裁判官との合議	裁判官との合議
評決のしかた	原則として全員一致	多数決	圧倒的多数（2/3とか）
無罪の検察による上訴権	認めない	認める	認める

＊丸田隆著『裁判員制度』（平凡社新書）を参照して作成。
＊同じところを同じ色で塗ってみて下さい。裁判員制度の特徴がよく解ります。

うにすべきでしょう。

　被告人が法廷に出廷するとき、現行では、ネクタイなし、サンダル履きというだらしない姿で、逃亡を防止するための腰縄をつけられたまま、刑務官に付き添われています。このような姿を裁判員に見せることは、有罪方向の予断と偏見を与える危険性が大きいといえます。欧米のように、ネクタイを着用し、革靴を履き、一般的な、外出時や通勤時のような服装で、腰縄ナシで出廷をするようにすべきでしょう。

　裁判員制度では、裁判員六名は裁判官三名とともに、事実認定と量刑判断の二つの仕事をすることになっていますが、これは分離して、裁判員は「陪審制」のように事実認定の仕事のみを担当すべきだろうと思います。また、これと関連して、死刑制度は廃止し、仮釈放のない、文字通りの「終身懲役刑」に替えるべきでしょう。

中間評議（裁判の途中で有罪か無罪かについて話し合うこと）は行わず、結審するまでは、公式、非公式を問わず、裁判員は事件について話し合うことはすべきではありません。中間評議をするということは、法廷に提出されるはずの、証言や証拠をすべて入手し、当事者双方による検証が行われないうちに、有罪か、無罪かの判断を下してしまうという危険性が生じがちだからです。それは予断を持つということです。一度、予断が形成されてしまうと、私たちは公正中立の立場を堅持することが困難になります。また、中間評議をすることは、証拠や証言を十分に吟味することや、いくつかの証拠や証言について、その関連性をさぐることを中途で放棄し、結論を安易に決定することになりがちです。それでなくとも、私たちの多くは有罪か、無罪かの判断を早急に下してしまう危険性を持っているものなのです。ですから、アメリカの陪審制においても、中間評議はしないようにと裁判官から必ず注意が行われています。

裁判の途中での、裁判員から裁判官への質問は、裁判官から裁判員への影響力を大きくしないためにも、公開の法廷の場において行うべきでしょう。質問が予想される基本的な事柄については、あらかじめ、説示のパンフレットのようなものを用意しておくべきでしょう。

部分判決の制度は、裁判が長引いた場合の裁判員の負担を軽減する目的で、「裁判員制度」の一部「手直し」として、〇七年五月に成立したものです。たとえば、三件の連続殺人事件の場合、審理をＡＢＣの三つに分け、六名の裁判員も三組とし、それぞれの組が独立して有罪か無罪かについて判断します。そして、ＡとＢの判断を受け継いで、最終的に、判決の内容を決めるのは、Ｃの事件を担当する六名の裁判員と三名の裁判官です。ただし、三名の裁判官はＡＢＣすべての裁判を担当します。すると、Ｃの裁判員たちと三名の裁判官とでは知りうる情報に大きな格差が生じます。これではＡとＢに関与していない裁判員たちにとっては公正で適正な量刑判断をすることは困難だろうと思います。この制度の採用は廃止すべきでしょう。

また、評決は、原則として、多数決ではなく、全員一致とすべきでしょう。「合理的な疑い」を超える有罪の立証ができたかどうかの客観的な判断基準としては、全員一致こそが合致しているからです。「陪審制」においては、原則として、全員一致が採用されています。

裁判員には守秘義務があります。裁判を通して知りえた事柄はもちろんですが、事実認定や量刑の判断などについての評議（話し合い）の内容も、裁判員としての職務を果たした後も、一生涯にわたって守秘義務が続きます。そのうえ、この義務に違反した時には懲役等の罰が科されます。これではあまりにも過重です。守秘義務の期間は、当該事件の判決が確定するまでとすべきでしょうし、守秘義務の内容も、個人情報などのプライバシー権を侵害するもののみに限定すべきでしょう。

この他にも、「裁判員制度」の実施に関連して、市民が司法に参加し、「裁判が身近になり、国民のみなさんの司法に対する理解と信頼が深まる」（「裁判員制度」パンフレット、最高裁判所、法務省、日本弁護士連合会）、そのような成果を上げていくためには、改善すべき点はたくさんあるだろうと思いますが、まずは、容易に気づく点のみを挙げておきました。

第七章　司法殺人

冨山さんは獄中で亡くなりました

波崎事件は、一九六四（昭和三十九）年一月に第一審が開始され、予断と偏見に基づく訴訟指揮が行われ、一九六六（昭和四十一）年十二月四日に、田上輝彦裁判長より判決が下されました。裁判長は、主文を後回しにして、判決理由を読み上げていきました。

自白もなく、物証もなく、目撃証人もいないにもかかわらず、田上裁判長は、「保険金目当ての計画的な毒殺」と断定します。そして、取調べ段階から、一貫して無実を主張している被告人である冨山さんに対して、「寸毫も改悛の情を現わして居らず」と非難しています。しかし、無実を主張している人物に反省しろとか、改悛しろというのは、無理難題というものです。

最後に、田上裁判長は「被告人を死刑に処する」と言い渡しました。この判決文は、日本の裁判の歴史に、特筆大書されるものだと言えるでしょう。なんと、自白もなく、物証もなく、目撃証人もいないけれども、「証拠は十分で」であり、お前が犯人だと認定し、しかも、死刑の判決を下しているからです。これがつじつまのあわない、非論理的な、独断と偏見に基づく不当な判決だということを、一番ハッキリと認識していたのは、冨山さんです。判決文が読まれていた二時間余り、冨山さんは直立不動の姿勢を保っていました。そして、法廷を退出する裁判長の背中に向かって、「裁判長は人殺しだ」と叫びました。また、冨山さんの家族をはじめ、傍聴をしていた人々から、「人殺し」「検察官の奴隷」などと口々に怒りの声が浴びせかけられました。

第二審は、東京高裁において、七三年七月六日に、判決が言い渡されました。

「ハワイ屋事件」については「最も重要な証拠と目される被害者石本としの証言の信憑性に疑問があること、被告人にアリバイの成立する余地があること、被告人以外に当夜シャツに血をつけ、自転車に乗った男の存在する可能性のあることを考慮すると、原判決の指摘し、当裁判所も肯認する、前記のとおり、被告人を犯人であると疑わせるいくつもの情況証拠が存在するにもかかわらず、被告人を犯人と判断するには、なお疑いが残るのであって、この疑いは、いわゆる合理的な疑いに該当するといわざるを得ない。したがって、原判示第一の殺人未遂の事実は、原判決挙示の証拠によっては肯認することができず、しかも、他にこの事実を認めしめる証拠を見出すことはできない。してみると、被告人に対する本件殺人未遂の事実を有罪とした原判決には、理由の不備および判決に影響を及ぼすことの明らかな事実の誤認があることになるから、原判決は、破棄を免れない。」

このように「ハワイ屋事件」については、無罪の判決が言い渡されています。しかし、毒殺事件については有罪、死刑の判決が下されています。

第三審は、最高裁において、七六年四月一日、東京高裁の判決を正当として、「ハワイ屋事件」

については無罪、毒殺事件については有罪、死刑が確定しました。

冨山さんは、死刑の確定後、それまでは許されていた第三者との接見、差し入れ、文通を禁止されました。接見、差し入れ、文通ができるのは、家族、弁護人、古くからの波崎町在住の知人のみに限定されました。これに対して、冨山さんは再審請求に対する妨害行為だとして、五月六日からハンストに入りました。ハンストは自殺防止房の中で、ドクター・ストップによって中止させられるまで、二十日間続きました。そして、それ以後は、家族による接見と弁護士宛ての冨山さんのハガキのみという細ぼそとした交流だけが続けられました。

七八年三月、篠原道夫さんを中心にして、「波崎事件対策連絡会議」が結成され、冨山さんを支援する人々の輪が広がっていきました。

八〇年四月九日、第一次再審申し立て。

八四年一月二五日、棄却。

八四年四月、社会党の寺田熊雄議員の仲介により、法務省矯正局長と東京拘置所の死刑囚との交通権の回復を求める交渉が行われました。そして、ようやく八年ぶりに、波崎事件対策連絡会議の代表である、篠原道夫さんとの月一回の面会が許可され、差し入れと文通が自由になりました。

八七年一一月四日、第二次再審申し立て。

九七年七月二九日、第二次再審補充書提出。

九九年一二月二二日、検察官意見書提出。

〇〇年三月一三日、棄却。

〇〇年三月一七日、東京高裁に、異議申し立て。

冨山さんは、第二次再審棄却決定の直後から体調を崩し、二〇〇二年夏頃、容態が急変しました。生命を最優先する立場から、〇二年十二月六日に「恩赦」を出願するとともに、東京弁護士会を通して東京拘置所長宛てに「病状および治療の照会」がなされました。その一方、保坂展人議員が衆議院法務委員会で森山真弓法務大臣に「冨山さんに対する緊急救済措置」を強く要請しました。そして、ようやく届いた「データ付き病状に関する回答」を新葛飾病院の清水陽一院長が診て、病状と病名が一致しない点で誤診があり、治療方法が間違っているという意見書を東京拘置所長に提出しました。それと同時に、拘置所の医療体制では治療には限界があるという判断から、十分な医療を受けられるようにするために、〇三年二月七日に監獄法四三条に基づき「拘置所外病院移送」の申請がなされました。さらに、三月以降の治療についてのデータを請求したところ、冨山さんのプライバシーに関わるので開示できないという回答がなされました。その後、法務省は「恩赦出願」に対しても、「病院移送願い」にも、何らの結論も出さず、回答もせず、ずるずると日時の引き伸ばしを続けました。

冨山さんは四〇年間獄中から無実を訴え続けていましたが、残念ながら〇三年（平成十五年）九月三日、東京拘置所内において十分な医療を受けることなく、獄死されました。享年八十六。

この獄死は、二〇〇〇年三月に第二次再審が棄却された後、東京高等裁判所に異議申立を行っていた最中のことでした。ですから、国会議員・弁護団・支援者からの「恩赦請求」、「拘置所外病院移送願い」を無視し続けた結果の結末です。その点では、これは司法当局が行った、実質的な「死刑の執行」であると言えるでしょう。そして、無実の人を獄死させたという点においては、司法による「殺人」であると言えるでしょう。

死刑制度に反対する理由

私は死刑制度に反対です。その理由は、いくつかありますが、まず、「ストックホルム宣言」と呼ばれているものを紹介したいと思います。

一九七七年十二月、「アジア、アフリカ、ヨーロッパ、中近東、南北アメリカおよびカリブ地域からの二百名以上の代表と参加者」によって、アムネスティ・インターナショナルは死刑廃止についての国際会議を行いました。そして、「ストックホルム宣言」を満場一致で採択しました。「ストックホルム宣言」から、一部を抜粋して、引用します。

「死刑がこの上もなく残酷、非人道的かつ屈辱的な刑罰であり、生きる権利を侵すものであることを想起し

死刑が反対派、人種、民族、宗教およびしいたげられた諸集団に対する抑圧の手段としてしばしば行使され

死刑の執行が暴力行為であり、暴力は暴力を誘発しがちであり

死刑を科し、それを執行することは、その過程にかかわるすべての者の人間性を傷つけており
死刑が特別な抑止効果をもつことはこれまで証明されたことはなく
死刑がますます、説明不能な失踪、超法規的な処刑、および政治的な殺人の形をとりつつあり
死刑執行が取り返しがつかず、しかも無実の人に科されることがありうることを考慮し」

私も、この宣言に全面的に賛成です。死刑廃止を主張する論拠には、いろいろありますが、ここでは、一番最後の「死刑執行が取り返しがつかず、しかも無実の人に科されることがありうる」ということに注目していただきたいと思います。

竹澤哲夫弁護士は日本弁護士連合会（略称・日弁連）の人権擁護委員会の委員長として活躍されました。氏は『戦後裁判史断章――一弁護士の体験から』のなかで、次のように述べられています。

「死刑事件と言いますと、事件そのものは凶悪無惨な事件でございます。どの事件もその態様、被害の大きさ、大変なものでございます。地域社会を衝動いたします。その中から被疑者として逮捕され、捜査当局の取調べの結果としての自白があり、起訴を経て一審の裁判が行われ、二審、三審の審理が行われている。起訴した検事も、審理にかかわっている裁判所も、おそらくあだやおろそかに死刑の求刑をしたり、死刑の判決を言い渡したりはしておられないことは全く疑う余地はないのです。ところがその死刑判決が間違っておったということを認めざるを得ない事態がこの一〇

年間の内に三つも相次ぎました。そして現在、静岡地方裁判所でもう一つ、島田事件という事件の再審請求審の事実調べが行われています。この事件は、私たちは無実を確信している事件であり、再審請求棄却の決定について東京高等裁判所から静岡地裁に差戻しされた経緯からみますと、来年中には再審開始に至るだろうと思っております。そういたしますと、続いて四件目の死刑事件の再審公判になることは必然だと思っておるわけです。

　私はここで再審のことをくどくど申し上げるつもりはないんですけれども、これらの事件にかかわった検事も、そして裁判所も慎重に関与し確信を持って死刑を求刑し、言い渡した。それにもかかわらず、その判断結果がなぜ間違ったのか。そのことについて考えてみたいのです。申すまでもなく、死刑が確定いたしますと被告人という地位から、死刑確定囚となり、法務大臣のはんこが突かれた書面が回れば『五日以内に執行しなければならない』ということになっている立場にあるわけです。つまり死刑執行の寸前に追いやられている人々です。無実でありながらそこまで追いつめられている人々、こういう死刑確定者につきまして裁判所自身がその誤りを認め、そして生きている内に釈放になったという例は、私の知る限りでは日本ではこの一〇年間の内の免田、財田川、そして松山、この三件が初めてでございます。わが裁判史上、かつてなかったことでございます。」

（二五五〜二五六頁）

　日本では、免田事件の免田栄さん、財田川事件の谷口繁義さん、松山事件の斎藤幸夫さん、島田事件の赤堀政夫さん、死刑確定囚だった、この四名の方は再審によって無罪の判決をかちとっています。つまり、再審制度がなければ、この四名の方は無実でありながら死刑に処せられていたわけです。なんと怖ろしいことでしょうか。そして、波崎事件の冨山さんは無実を訴え続けながら、帝銀事件の平沢貞通さんと同様に、獄中で亡くなりました。

団藤重光さん（元最高裁判事）は、『死刑廃止論』のなかで、次のように述べられています。

「死刑事件では、事実認定の関係で、特別にむずかしい問題にぶつかります。普通の事件では、合理的な疑いがあれば無罪、合理的な疑いを超える心証を取れれば有罪、というのが刑事裁判の大原則です。ところが、死刑事件については、それで行くとどうなるか。私は最高裁判所に在職中に、記録をいくら読んでも、合理的な疑いを疑いの余地があるとまではとうてい言えない、しかし、絶対に間違いがないかと、一抹の不安がどうしても拭い切れない、そういう事件にぶつかりました。

具体的事件ですから、ある程度抽象化してお話しする以外にはありませんが、それはある田舎町で起こった毒殺事件でした。状況証拠はかなり揃っていて、少なくとも合理的な疑いを超える程度の心証は十分に取れるのです。ところが、被告人、弁護人の主張によれば、警察は捜査段階で町の半分だけを調べたところで、一人の怪しい人物を見付けて逮捕しました。それが被告人だったのです。町のあと半分は調べていなかった。もしあとの半分も調べていれば、同じような状況の人間がほかにも出て来た可能性がないとは言い切れないのです。被告人は捜査段階では自白したのだったかどうだったのか忘れましたが、少なくとも公判へ来てからはずっと否認を続けていて、絶対に自分ではないと強く言い張っているのです。

そのような事情も、個々の証拠の証明力を減殺するといったものではないので、合理的な疑いが出て来るとまでは言えませんから、事実認定の理由を廃棄するわけには行かない。しかし、それでは絶対に間違いがないかというと、一抹の不安が最後まで残るのです。要するに、合理的な疑いを超える程度の心証は取れるのですから、証拠法の原則からいって有罪になるのが当然だった。しかも、もし有罪とすれば、情状は非常に悪い事案でしたから、極刑をもって臨む以外にないというような事件だったのです。私は裁判長ではなかったのですが、深刻に悩みました。しかし、死刑制度がある以上は、何とも仕方がなかったのです。

いよいよ宣告の日になって、裁判長が上告棄却の判決を言い渡しました。ところが、われわれが退廷する時に、傍聴席にいた被告人の家族とおぼしき人たちから『人殺しっ』という罵声を背後から浴びせかけられました。その声は今でも耳の底に焼き付いたように残っていて忘れることができません。

このように、事実認定の問題というものが、死刑の場合にはちょっと独特な形をとって現れて来ます。事実だとすれば死刑以外にないというような極度の悪い情状の場合に、事実認定に一抹の不安があるという理由で死刑を無期懲役にするという理屈は、現行法上では成立しません。死刑制度がある以上は、何とも抜け道のない立場に立たされることになるのです。事案によっては、情状の認定の仕方によって無期懲役にするということも、あり得ないわけはないでしょうが、この事件のように、情状そのものとしては軽く認定する余地のない場合は、お手上げだと思います。それに、そういう小手先のやり方でお茶を濁すだけでは、死刑の存廃という根本問題を解決することはでき

ないのではないかと、私は思います。」（八〜一〇頁）

団藤さんはこのように死刑制度反対論を述べられています。死刑制度は、無実の人を死刑にしてしまう可能性があります。そして刑を執行した場合には、もう取り返しがつきません。私たち人間は完全ではありません。裁判においても、誤判は起こります。絶対に間違いはないとは言えません。団藤さんは、前の文章に続けて、次のように述べられています。

「〈死刑では、誤判があった場合には、取り返しがつかないではないか〉ということは、昔から言い古された議論です。私も、もちろん、昔から、この議論はよく知っていて、頭では解っていたつもりでした。しかし、実は、頭で解っていただけで、本当に身につまされて心底から解ってはいなかったのです。最高裁判所で自分で死刑事件を扱う立場に立ってみて、私は死刑事件における事実認定の重みというものを、はじめて、いやというほど痛切に味わされたのでした。今では、この言い古された議論こそが、死刑廃止論の最後の決め手になるものと信じるのです。」（一一頁）

しかし、この団藤さんの文章を読みながら、冨山さんが無実を訴えながら獄中で亡くなられたことを考えますと、どうしても口惜しい思いを禁じえません。私は波崎事件の裁判資料のコピーを読んでいますが、調書のほとんどは手書きのもので、たいへん読みにくいものです。しかも、第一審からのすべての裁判資料をタテに積み上げますと、資料は私の身長よりも高くなります。最高裁判所の裁判官の皆さんは、このような読みにくい大量の裁判資料を実際に読んでいるのでしょうか。約三十名いるとされる調査官の方々の協力を得られているということですが、毎年百件以上の事件を担当されているということと高齢であることを考え合わせますと、大変な激務であると思われます。

事件の真相を知るには、裁判資料をさーっと流し読みをするという訳にはいきません。資料と資料、証言と証言とを比較検討しながら読まなければなりません。真偽を検証しながら読まなければなりません。波崎事件だけでも、私の身長よりも高くなるほどの大量の資料です。それを年間百件以上も担当し、しかも、それを正しく処理するということは、とても困難な仕事です。最高裁判所の裁判官の皆さんは、本当に、第一審からの裁判資料をご自身の眼で、しっかりと検証しながら、読んでおられるのだろうか。そんなことはできるのだろうか。団藤さんは、波崎事件の裁判資料を、実際に、読まれたのだろうか。私は、どうしても疑問を抱かずにはいられません。

免田栄さんは、『死刑囚の手記』において、次のように述べられています。

「私の場合、三十四年間の裁判闘争で八十人ちかくの裁判官と接しているけれども、そのうちで、私の訴えを認めてくれたものは二人にすぎない。しかも、最初に私の訴えを取り上げてくれた西辻裁判官は例外中の例外であり、『西辻決定』がなければ、はたしてほかの裁判官も私の訴えを認めてくれたかどうか疑わしい。『西辻決定』があったからこそ、日弁連をうごかし、死刑囚の再審が社会問題化したのだ。その結果、私につづいて財田川事件の谷口君、松山事件の斎藤君、そして島田事件の赤堀君も無罪をかちとるという幸運にめぐまれたと思う。

また、たとえ助かるにしても、一週間や二週間では裁判は解決しない。まず裁判で無罪となるには、十年か十五年はかかる。それもこの間、被告は世間の非難にさらされながら、司法当局者に幾度も頭を下げて、自分の主張を粘り強くくりかえさねばならぬ。そのうえで、裁判官が本腰をあげて無罪の判決を出す。」（一九三～一九四頁）

死刑確定囚の獄中生活

無実を主張する死刑確定囚にとって、監獄での生活はどのようなものでしょうか。冨山さんが「波崎事件対策連絡会議」代表である篠原さん宛てに書いた手紙（一九八六年十一月十九日付）をご紹介しましょう。この手紙は、「波崎事件再審運動ニュース」第三三号に掲載されています。（原文のママ）

「折りしも菊華繚乱の候、皆様方には如何お過ごしでございましょうか。私の方はさし当り健康の面だけに限り申し上げさせて頂けますれば、年間を通して慢性化しております感の、膝・腰を始めとする、肋間・背筋その他のほぼ全身に亘り、あたかも低気圧の発生と周波数を同じくするかのように、天気の変り目、ことに、不快な痺れや疼痛を齎《もたら》し続けております神経痛の宿痾を除きましては、幸い他にこれと云った故障らしい部位もございません。

但し、こと精神的な面ということになりますと、これはもう、日常の一挙手一投足の端々に至るまで、到底常識では考へもおよばないような、制約の網に全身ガンジがらめの状態で、上死点寸前に近いストレスの蓄積を余儀なくされているといっても過言ではございません。

先ずその第一は、色々な面で御支援を頂いている国会議員の先生方や、日弁連、並に弁護士個人の方々への御礼状、並に新しい支援の訴へなどは、すべてこれを発信の段階で不許可とされてしまっていることであります。

一応はその都度私なりに執拗と思へるほどの粘り強さで、その違法性不当性の面から抗議は繰り返してはいるのですが、いずれの場合におきましても、お定まりののらりくらりの受け答への挙句、最後はこれまたお定まりの『兎に角、官の方針として決定されたことだから』との切り札で押し切られしまうより外はないわけで、かつ『一旦裁定された決定事項が、個人の抗議で撤回されたり変更されたりしたような事例は過去一度もなかったし、今後もないと思う』とまで引導を渡されてしまいましては、これ以上、この中からではもう打つべき手段は残されておりませんので、つい先般この中で年少者面会の件で裁判で争い、勝訴致しました某氏の顰《ひそみ》に倣いましての、公の場に持ち込みましての決着を計るより外に方法はないのではないかと存じます。私と致しましても来年の四月で喜寿、昔流ではすでに『古来稀なり』の馬齢《ばれい》を数へる身でもあり、敢えて無用の確執を挑んで自分自身も嫌な思いをすることも……との考へから、募《つの》るストレスの重圧に耐えながら隠忍の限りを尽して来た心算なのですが？

悪意に勘繰《かんぐ》れば、意図的な再審妨害とも取れるような、人権の聖域ともいへような日弁連への直接の発信も『そのための再審弁護人がいるんだから（略）』と退けられて徹底的な孤立化を強いられている現在の私の姿は、恰《あたか》も、悪魔の策謀に嵌《はま》って底なし井戸に突き落とされ、助けを呼ぼうとすればその声帯を切除され、雁書《かりしょ》を託そうとすればその雁の翼を切り落とされてしまうという極限の精神的拷問の連続に加へまして、さらにそれを上廻る最大の恐怖、即ち、頭上に小指一本の力を加へるだけで、悪魔の恣意《しい》の時間に、いつでも突き落とせるばかりに、ユラユラと不安定な大きな石がセットされているということです。

こうした極限の恐怖ともいうべきハンデを負わされた人間の、正に、酷烈とでも云うより外に表現しようもないほどの恐怖心の度合いが、果たしてどれほどのものであるのか。それは到底、実際にそうした環境に身を置いてみた人間でなくては、想像することさへ〔不〕可能なのではあるまいかとさえ思はれてなりません。

事件発生当時の冨山常喜さん

それは決して、被害妄想狂類似の幻覚でも誇張でもなく、日曜・祝祭日を除いての、開扉から閉房までの十時間、窓打つ風の音にさへハッとさせられる有り様で、ましてや不意に『ガチャガチャ』という開扉の鍵音を聞かされた際の『ショック』などというものは、それこそ一瞬『ビクッ』とばかり、全身の毛穴という毛穴から、一本一本が総毛立つ思いで、全身の血液が一時に蒸発して、口から心臓が飛び出さんばかりの恐怖を味わわされ、それが日に数回も繰り返されるとありましては、それこそ正に死と云う形での終焉を希ってもそれさへ許されず、延々と極限の苦痛のみを強制され続けなければならない無限地獄図絵が、そっくりそのまま私の環境に比喩象徴されていると云っても決して過言ではないと存じます。

そうした環境に『見ざる、聞かざる』ならぬ『見せざる、聞かせざる、云わせざる』の三猿策に縛られている私に取りまして、唯一私に残されました道と致しましては、外部の皆様方による熱い御支援にお縋《すが》りするより外に方法はありません。

心鬱するままに、少しばかり執拗のキライがありますほどに縷々《るる》泣き言を並べてしまいましたが、承知でそうせざるを得なかった、置かれている環境の凄惨さを御理解御寛容の上、今後共の温かい御支援を宜しく御願い申し上げます。

本日十八日現在で、同封のアピール文二枚はまだ手交されておりません。原稿用紙の方は数日前に許可されない旨の告示がありましたが、アピールの方は『もう一寸待ってくれ、もう少し』ということで一日延しに引き延ばされて、とうとう到願日を入れて十日も経ってしまいました。是非内容に目を通し度いものと焦々しながら待ち続けていたのですが、この調子では果たして交付してくれるものかどうかそれさへ危ぶまれる状態ですので、いつまで手を拱《こま》ねいている訳にも参りませんので、実は申し上げ度いことの百、千、万分の一ほどにも意を尽せぬまま、舌足らずの御返事に代えさせて頂き度いと存じます。

ということで、最後に、せめては日弁連・並に弁護士個人、国会議員の皆様方だけにでも無条件の発信ができますよう、万やむを得ない場合の裁判闘争までを含めましての、皆様方の御尽力を心からお願い申し上げます。
　向寒の砌《みぎ》り、最後に皆々様方の御健康を心からお祈り申し上げて結びとさせて頂きたいと存じます。」

　冨山さんに限らず、死刑確定囚は、例外なく、死刑の執行に怯《おび》える生活をしています。それは苛酷なものです。そして、自身の無実を誰よりも明確に知悉《ちしつ》しているだけに、冤罪をはらし、無実を獲得することを目指して、獄中生活を送っています。冨山さんは、弁護士の三島浩司さん宛ての手紙（八九年十一月八日付「波崎事件再審運動ニュース」第三号）のなかで、冤罪を晴らし、無実の判決を獲得するために、健康に留意し、長生きすることが裁判闘争なのだという考えを明らかにしています。

「本当はつい健康の面に『スペース』をさきすぎるきらいがあるかとも存じますが、こんな中で万一の事態でも生じました場合にはせっかくこれまで多くの皆様方の御支援を受けて参りました再審闘争も、水の泡と消えてしまう結果となってしまいますので、くどいようですが、健康問題と再審闘争とは『イコール』の関係にある以上、折りしも伝えられました『牟礼事件』の『佐藤誠』さんの例のように、志半ばにして恨みを呑んでの獄中死といった二の舞だけは絶対に演じたくないという、切なる願望の至すところと御諒解賜りますよう宜しくお願い申し上げます。」

　しかし、すでに述べましたように、冨山さんは四十年、獄中から一貫して無実を訴え続けていましたが、高齢であるうえに、長い長い病魔との闘いのすえ、残念ながら、二〇〇三年九月三日、東京拘置所内において十分な医療を受けることなく、獄死されました。この冨山さんの死は、繰り返しになりますが、実質的な「死刑」の執行であると考えざるをえません。無実の人を長期間にわたって監獄に閉じ込めたばかりでなく、十分な医療を受けさせることなく、死亡させたのですから。

被害者遺族の報復感情

死刑制度に賛成している人たちの中には、被害者遺族の報復感情をなだめるためには、この刑罰が必要不可欠なのだと主張する人がいます。しかし、実際には、そう断言することはできません。仏教においても、そういう感情は、「三毒」の一つであると教えています。

「一九八九年一二月一〇日、アメリカのデトロイトから誘拐、強姦殺人事件で七歳の娘を失ったマリエッタ・イエーガーという女性が、アムネスティ・インターナショナル日本支部の招請で来日されました。彼女はアメリカで最近発足したSOLACE（慰め、苦痛を和らげる意味）という死刑廃止団体のメンバーです。

イエーガーさんが、被害者として死刑廃止運動に参加することになったのは、はじめは憎しみでいっぱいになり、自分の手で犯人を殺したいと願ったけれども、このままでは自分の命もどうにかなってしまうとおもい、犯人を許そうと決意したそうです。

イエーガーさんは、『報復のために殺しても、娘はもう帰ってこない。殺すことが公正な報復であるという意見は、娘のかけがえのない価値をおとしめるものです。むしろ、わたくしはすべての生命は貴いものであり、守る価値のあるものだと主張することによって、娘の命を尊重したい』と述べています。

他人の命を奪った者の生命をむしろ守ることによってのみ、命を失った者を悼むことができるのだということを、イエーガーさんは教えてくれています。」（菊田幸一著『死刑廃止を考える』三七〜三八頁）

死刑という刑罰では、被害者の遺族の感情をなだめることは困難です。家族を失ったことによる精神的な悲痛を癒すこともできません。しかも、経済的な損失に対しても、全く、損害賠償にはなりません。私は、このイエーガーさんの思いこそが、最も親しいものを、かけがえのないものを失った悲痛と苦悶とを、乗り越えさせてくれるものだと思います。それは決して、死刑という刑罰ではありません。

改悛し、更生した死刑囚

ここでもう一つ、死刑制度の廃止を主張する理由を述べておきたいと思います。それは改悛した死刑囚に対して、死刑を執行することの残虐さと無意義さです。
和島岩吉さん（弁護士、元大阪弁護士会会長）は、『一億人の刑法』のなかで、次のように述べられています。

「Tは九州の男で戦前に高商を出たインテリであったが、戦中戦後の痛手で生活を失い、事件を起して逃走し、大阪へ来たのが昭和二十五年八月頃であった。身よりもなく追われる身の悲しさ、就職もできず遂に天王寺公園でルンペンの群に身を投ずるほかなかったが、ある夜、同じ仲間から『ボロイ仕事に連れて行ってやろう』と誘われ、なんの気なしに二人の仲間について行ったことから運転手を殺して、自動車強盗という凶行に巻き込まれた。一審判決は三人とも死刑であった。

Tが私に面会を求めてきたのはその頃である。彼は狂おしい様子で一審判決の苛酷さを訴えていたが、ある時私は彼に言った。『君達の犯行の夜、被害者の夫を待っていた臨月の妻の姿を一度でも想像したことがあるか。翌朝、警察の知らせで駆けつけ、被害者に取りすがったであろう若い妻の嘆きを想像してみたことがあるか。』

とたんに雷に打たれたように絶句し、顔を真赤にしてうつむいていたTは、やっとこう言った。『相手のことを考えず、一審の刑が重すぎると考えたのは、あまりにも私の身勝手でした。』この言葉に私も動かされ、控訴審の弁護を引き受けたのである。

この時から彼はガラリと人が変り、朝に夕に被害者の冥福を祈って読経をするその姿は拘置所の人々の心をうった。被害者の妻にも心からなる謝罪の手紙をだし、仏前にと香花料を送った。だが、これは厳しく突き返された。この日の彼は悄然としていた。『この苦しみこそ贖罪のみちではないか』と私は彼を励ましたのである。

昭和二六年の憲法記念日に大阪毎日新聞の朝刊で『死刑囚にもこんな模範囚がいる』とTのことが大きく報道されたことがあった。だが、控訴の判決もやはり死刑、『改悛の情は認められるが、裁判は宗教ではない』との裁判長の言葉は厳しかった。さらに上告も棄却された。（中略）

私は死刑廃止の論議がでる毎に、いつもTのことを思い出す。彼の犯行は悪魔の所業といわれてもいたし方がない。しかし、人間は悪魔ではない。いったん目覚めれば、聖者のように立派な人間に立ち帰ることもできる。刑罰が復讐や見せしめであった時代はともかく、完全に改悛し更生した人間をもなお、国家の手で殺さなければならない合理的な理由が一体あるのであろうか。人道主義のもとにおける刑罰は、極悪の罪人にも人間性回復への一筋の光明を提供してやるものでなければならない。それすら拒んで、その魂を無明の闇にほおむり去ろうとする死刑は、やはり残虐な刑罰だというのが私の実感である。Tのことを思い出すにつけて、ますますその感を深くするのである。」

（八一～八四頁）

死刑廃止は世界の世論です

一九六六年十二月十六日、世界人権宣言にもとづく、二つの国際人権規約と選択議定書が採択されました。「経済的社会的および文化的権利に関する国際規約」（社会権規約）と「市民的及び政治的権利に関する国際規約」（自由権規約）と、その議定書です。これらは「国際人権法」と呼ばれています。

八九年十二月には、自由人権規約の第二議定書（死刑廃止条約）として、国連総会で採択され、九一年七月十一日に発効しています。日本は、七九年に、ようやく社会権規約と自由権規約を批准しましたが、二つの議定書については未だに批准をしていません。その後、女性差別撤廃条約、子どもの権利条約、人種差別撤廃条約、拷問等禁止条約は批准しています。

国連総会は、六八年の「死刑廃止条約」の議決以来、死刑そのものの廃止が望ましいことであると表明し続けています。実際、死刑廃止国と、事実上、死刑を廃止している国は増加しています。すでに、国際的な世論は死刑廃止となっています。〇七年十二月、国連総会は死刑執行停止を求める決議案を採択しました。国連加盟国一九二カ国のうち、賛成一〇四、反対五四、棄権二九。日本は、アメリカ、中国とともに、反対をしました。日本は、残念なことですが、人権保障という点においては、まったくの「後進国」となっています。

現代の死刑廃止論の原点である、ベッカリーア著『犯罪と刑罰』が出版されたのは、一七六四年のことです。

「日本では、世界にさきがけて嵯峨天皇の弘仁九年（八一八年）から後白河天皇の保元元年（一一五六年）までの、じつに平安時代の三百四十年にわたって、死刑の執行を停止した時代があります。」

（菊田幸一著『死刑廃止を考える』五〇頁）

日本は、かつて、死刑廃止の先進国だったのです。この歴史的事実については、団藤重光著『死刑廃止論』（一三〇～一三九頁）に詳しい説明があります。この本は、講演の記録をもとにしたものだからでしょうか、しっかりとした学術的な内容ですが、高校生にもわかる、とても理解しやすい文章です。そのうえ、その議論の展開には無理や飛躍もなく、公平で穏健な内容ですから、是非、一読をおすすめします。

日本国憲法は近代憲法の一つですから、アメリカの独立宣言で明らかにされた「生命、自由および幸福追求」を基本的人権として認めています。

今から、約二千五百年前の古代インドにおいて、ゴータマ・ブッダは、「すべての者は暴力におびえている。すべての（生きもの）にとって生命が愛しい。己が身にひきくらべて、殺してはならぬ。殺さしめてはならぬ」（『ブッダの真理のことば　感興のことば』一七九頁）と主張されました。このゴータマ・ブッダの教えと近代憲法の基本的人権の考え方とは、共通しています。

現代において、殺してならないという倫理的道徳的な命令に違反して、それを合法的に正当化できるのは国家権力だけです。だからこそ、国家権力は戦争と死刑を正当化し、合法化して実行しています。

ゴータマ・ブッダは、「一切の生きとし生けるものは、幸福であれ、安穏であれ、安楽であれ」（『ブッダのことば――スッタニパータ』三七頁）と、無量の慈しみの心を実践するようにと宣言されました。ここから導き出される、私たちの理想は、刑罰を必要としない社会を実現することです。私たちは戦争と死刑のない国において平和に暮らすことを望んでいます。ですから、私は、日本が死刑廃止国となり、憲法の三大原則を順守することと、地球上から戦争と死刑制度がなくなることを熱望せずにはいられません。

付録

日本の主な冤罪事件

日本の冤罪事件について考えるとき、まず最初に念頭に思い浮かぶのは、四つの事件である。最高裁において死刑が確定していながら、ねばり強い活動により、再審で無罪が確定した、免田事件、財田川《さいたがわ》事件、松山事件、島田事件である。以上四つの再審で無罪が確定した事件の背景には、一九七五（昭和五十）年の「白鳥決定《しらとりけってい》」がある。

白鳥《しらとり》決定と財田川決定

再審開始の条件は、「無罪を言い渡すべき明らかな証拠」を「あらたに発見したとき」（刑事訴訟法四三五条六号）という厳しいものであった。このため、再審は長期にわたって「開かずの門」と言われ続けており、再審の制度はあったが、それが活かされることはほとんどなかった。このため、明治以降、無実のまま、死刑が確定し、刑が執行された人々は、かなり多数であると思われる。

七五年五月、「白鳥事件」（一九五一年一月、札幌市内で発生した射殺事件）について、最高裁は再審開始の条件について画期的な判決を出した。

『無罪を言い渡すべき明らかな証拠』とは、確定判決における事実認定につき合理的な疑いをいだかせ、その認定を覆すに足りる蓋然性のある証拠をいうものと解すべきであるが、右の明らかな証拠であるかどうかは、（略）当の証拠と他の証拠とを総合的に評価して判断すべきであり、再審開始のためには確定判決における事実認定につき合理的な疑いを生じしめれば足りるという意味において、『疑わしいときは被告人の利益に』という刑事裁判における鉄則が適用される」。つまり、再審にも、「無罪推定の原則」を適用し、確定判決に対して「総合的に評価して」合理的な疑いをいだかせるものであればよいとする、再審開始の条件を大幅に緩和するものであった。財田川《さいたがわ》決定（一九七六年十月）は、「犯罪の証明が十分でないことが明らかになった場合にも」、「無罪推定の原則」が当てはまるとして、「白鳥決定」の趣旨をさらに明確にした。しかし、依然として、検察官の即時抗告（上級裁判所への不服申し立て）や審理手続きの非公開などが再審の開始を阻んでいるのが日本の実情である。検察官の即時抗告権は廃止し、ただちに再審を開始すべきである。

免田事件

一九四八年十二月、熊本県人吉市の祈祷師宅で起こった強盗殺人事件。翌年一月、免田栄さんが別件の窃盗容疑で逮捕され、無実を主張したが、本件で逮捕、勾留、起訴され、一審、二審を通じて、有罪。五一年十二月、上告棄却により、最高裁で死刑が確定した。免田さんにはアリバイがあり、八三年七月、第七次再審請求により、死刑確定囚としては初めて無罪となり、即日釈放された。無罪判決の理由は、逮捕直後から主張していたアリバイを明確に認定するものであった。第三次再審開始の決定も、同じ理由でアリバイを認めており、裁判官が自白を偏重せず、鑑定を軽信しないで、客観的証拠を重視していれば、三十数年間も、免田さんを死刑執行の恐怖にさらし続けるような誤判を犯さないですんだのである。この事件では、「冤罪を生む構造」として、別件逮捕、代用監獄、再逮捕、自白の偏重、アリバイつぶしなどが挙げられる。

財田川《さいたがわ》事件

一九五〇年二月、香川県財田村で発生した強盗殺人事件。別件で逮捕拘留中であった谷口繁義さんが犯人とされ、代用監獄を悪用した取り調べを受け、自白をしたが、それは逮捕から百日以上経過したあとのことである。再逮捕、再々逮捕を行い、とても異常な長期にわたる勾留期間を利用して得られた自白である。谷口さんは、公判においては全面的に否認をした。五七年一月、上告棄却により、最高裁で死刑が確定した。第二次再審請求が最高裁をへて認められ、八四年三月十二日、死刑確定囚としては二番目の無罪判決を得て、即日釈放された。判決文には、「本件は被告人の自白を除いてその有罪の宣告はありえない」とあり、自白の信用性に疑問を投じての無罪判決となった。この裁判の背景には、「開かずの門」と言われた再審の要件を緩和した「白鳥決定」がある。また、谷口さんを救うために、矢野伊吉さんは裁判官をやめて弁護活動に専心された。その献身的な活動が谷口さんの無罪判決を獲得するための大きな推進力となったことも、忘れることはできない。矢野さんは無罪判決を聞くことなく他界された。この事件では、「冤罪を生む構造」として、別件逮捕、代用監獄、自白の偏重、再逮捕などが挙げられる。

松山事件

一九五五年十月、宮城県松山町で発生した一家四人殺害、放火事件。東京にいた斎藤幸夫さんが別件で逮捕され、勾留された。警察は同じ房にスパイを入れて斎藤さんを騙して、自白をさせた。その後、斎藤さんは否認をし、公判においても否認を貫き通した。しかし、この自白と、古畑・三木鑑定と、それを裏付ける物証が決め手となり、六〇年十一月、上告が棄却となり、最高裁で死刑が確定した。第二次再審請求が認められ、八四年七月、死刑確定囚としては三人目の無罪判決を獲得した。この事件で注目されたことは、警察がスパイを利用したことと、証拠物である、掛け布団の襟当ての血痕が捏造されたことと、有利な鑑定が隠匿されていたことである。この事件では、「冤罪を生む構造」として、自白の偏重、鑑定の権威への盲信、物証の捏造が挙げられる。

島田事件

一九五四年三月、静岡県島田市で女子幼稚園児が誘拐され、同市の山林で強姦され、殺害された事件。軽度の知的障がいで浮浪生活を続けていた赤堀政夫さんが別件の窃盗容疑で逮捕され、本件犯行を自白した。しかし、公判において否認。六〇年、上告棄却により、死刑が確定した。確定判決の理由は、捜査段階での自白調書と、これを裏付けるとされた古畑鑑定であった。第四次再審は、脳部損傷の凶器に対する疑問、被害者の死体が窒息死体としては特異な状態であること、被告人に軽度の知的障がいがあり、暗示にかかりやすいこと等をあげて、自白調書は信用性が乏しく、自白調書のほかに犯行と被告人を直接に結びつけるに足りる証拠がなく、八九年一月、無罪の判決が出た。同年二月、検察が控訴を断念することを表明し、無罪が確定した。免田、財田川、松山に続く、四番目の死刑再審無罪判決である。この事件では、「冤罪を生む構造」として、別件逮捕、代用監獄、自白の偏重、鑑定の権威への盲信が挙げられる。

次に、現在、波崎事件のように、再審請求をしている主な事件を取り上げておきたい。

帝銀事件

一九四八年一月、事件は東京都豊島区の帝国銀行椎名町支店で発生した。銀行の閉店直後に、東京都防疫班の白い腕章をした中年男性が、厚生省の技官の名刺を出し、「近くの家で集団赤痢が発生したので、予防薬を飲んでもらいたい」と言い、行員と用務員一家の合計十六人に青酸化合物を飲ませて毒殺を謀り、十二人が死亡、現金と小切手を奪って逃走した強盗殺人事件である。平沢貞通さんは、逮捕当初は一貫して否認をしていたが、代用監獄を利用した取り調べ中に犯行を自白した。しかし、公判段階に入って無実を主張した。一審の東京地裁で死刑判決、東京高裁で控訴棄却、五五年五月、最高裁で上告棄却、死刑が確定した。その後、冤罪であるとして、再審請求を十七回、恩赦願いを三回出したが受け入れられず、八七年五月、平沢さんは獄中で病死された。死刑を執行されることはなかったが、これは司法による殺人である。

名張《なばり》毒ぶどう酒事件

一九六一年三月、三重県名張市の公民館で起きた毒物混入による殺人事件である。毒物の入った白ワインを飲んだ十五人が急性中毒の症状を訴え、そのうち五人が亡くなり、「第二の帝銀事件」と騒がれた。奥西勝さんは、当初、犯行を自白したが、すぐに犯行を否認し、その後は一貫して無実を主張している。六四年、一審では無罪の判決であった。目撃証言から推定される時刻、証拠とされるぶどう酒の王冠の状態と、被告人の自白との間に矛盾があると認定した。検察が控訴し、二審の名古屋高裁は死刑の判決。七二年、最高裁は上告を棄却し、死刑が確定した。この事件では、一審の無罪判決に対して、検察が上告するという「二重の危険」の問題がある。二〇〇五年四月、ようやく、再審開始が決定された。しかし、〇六年十二月、名古屋高裁は検察の異議申し立てを認め、再審の開始を取り消した。この判断は、二審において凶器と認定された「ニッカリンT」が化学的分析検査の結果、凶器とは異なることが判明したという「新証拠」を無視するものであり、法理論的にも問題である。

狭山事件

一九六三年五月、埼玉県狭山市で起こった女子高生誘拐殺人事件。五月二日、警察は身代金受け取り場所の近くに四十名で張り込んでいたが、犯人を取り逃がしてしまった。このため、埼玉県警は百六十五名体制の捜査本部を発足させて捜査に当った。それは遺体遺棄現場に近い被差別部落に住む青年達を狙い撃ちにする見込み捜査であった。五月二十五日、石川一雄さんが窃盗などの容疑で別件逮捕された。警察は代用監獄を利用して二十日以上にわたって取り調べをしたが、石川さんを自白させることができなかった。別件で起訴された後、弁護士の保釈申請が認められ、釈放されることになったが、釈放の直後、警察は強姦、殺人、死体遺棄で再逮捕をした。その後も、石川さんは否認を続けたが、警察はスパイを利用して偽計にかけ、自白を手に入れた。警察は、代用監獄の悪用、証拠の捏造、ポリグラフ検査の悪用など、石川さんを犯人に仕立て上げていった。義理人情に厚い石川さんは一審では終始一貫、犯行を認めた。このため、一審の判決は死刑。しかし、六四年三月、控訴をし、控訴審においては、代用監獄を悪用した取り調べと偽計などにより、自白を強要されたと主張し、犯行を全面的に否認した。二審の判決は無期懲役。七六年八月、最高裁は上告を棄却し、無期懲役が確定し、石川さんは千葉刑務所に入所した。弁護団は、その後も、異議の申し立てや再審請求をしているが、ことごとく、棄却や却下をされ続けている。そして、九四年十二月、石川さんは三十一年ぶりに仮出獄した。現在は、第三次の再審請求がされている。

袴田《はかまだ》事件

一九六六年六月、静岡県清水市にある味噌製造会社専務の自宅が放火され、焼け跡から一家四人の他殺体が発見された、強盗殺人、放火事件。当時、味噌製造工場で働いていた元プロボクサーの袴田巌さんが逮捕され、代用監獄を悪用した取り調べで、勾留期限切れ三日前に自白をした。一審の静岡地裁の第一回公判において、袴田さんは起訴事実を全面的に否認し、その後は一貫して無実を主張し続けている。しかし、六八年、静岡地裁で死刑判決。二審の東京高裁で控訴棄却、八〇年、最高裁で上告が棄却され、死刑が確定した。袴田さんの取り調べは、夏の暑い時期であるにもかかわらず、取り調べ時間は、朝、昼、夜を問わない、平均十二時間、最長十七時間にも及ぶものであった。そのうえ、眠らせないようにしたり、棍棒でなぐったり、蹴ったりという拷問による苛酷なものであった。自白調書は四十五通あり、そのうち四十四通は強圧的威圧的な状況下での取り調べであるとして、任意性を認められず、証拠から排除されている。しかし、採用された一通もまた、拷問による取り調べによって作成されたものである。二〇〇七年三月、袴田事件の第一審の合議に参加された裁判官、熊本典道さんが「心ならずも信念に反する判決を出した」ということを記者会見において明らかにされ、袴田さんの再審、無罪を獲得するために活動されている。

この事件でも、代用監獄を利用した苛酷な取り調べが行われている。「くり小刀」は凶器として認定されているが、これは物証と符合せず、認定には無理があり、疑問を持たざるをえない。また、逃走経路とされている「裏木戸」は、上の留め金がかかっており、人が通りぬけることはできないものである。また、証拠として提出された五点の衣類は警察によって捏造された疑惑がある。

布川《ふかわ》事件

一九六七年八月、茨城県北相馬郡利根町布川で発生した強盗殺人事件。被害者の死亡推定時刻は、午後七時から十一時頃とされた。被害者の自宅付近で、午後八時頃に不審な二人組の男性を見たという目撃情報があり、桜井昌司さんと杉山卓男さんの二名が別件逮捕され、代用監獄を利用した取り調べ中に犯行を自白した。公判では、二人とも、「自白は警察に強要されたものだ」として全面否認した。この事件では、ほとんど物的証拠がなく、自白だけが証拠であるにもかかわらず、一審では無期懲役、二審の東京高裁では控訴棄却、一九七八年、最高裁で上告を棄却され、無期懲役が確定した。九六年十一月、収監されていた二人は仮出所したが、一貫して無実を訴え続けている。

二〇〇五年九月、再審の開始が決定されている。現場で四十三点の指紋が採取されたが、その中には桜井さんと杉山さん二人の指紋は含まれていない。〇五年、毛髪の鑑定書が開示された。現場から警察が毛髪を八本採取したが、そのうちの三本は被害者のものであり、残りの五本は被害者のものでも二人のものでもない。これは検察による無罪の証拠の隠匿である。弁護団は、開示されていない証拠がダンボール箱九個分もあるとして、全面開示を要求している。

さらに、本書で取り上げた、戦後の、主な冤罪事件を紹介しておきたい。

吉田岩窟王《がんくつおう》事件

一九一三年八月、名古屋市郊外で起きた強盗殺人事件。吉田岩松さんは、捜査段階から一貫して無実を主張していたが、「共犯者」の自白にもとづいて事件の首謀者であるとして起訴された。翌年の一審では死刑判決。これに控訴をして、無期懲役となり、刑が確定した。しかし、吉田さんは獄中から二回、三五年に仮釈放になってから三回、合計五回の再審請求をし、六三年、再審で無罪判決を得た。事件後、半世紀余りを経て、ようやく、無実であることが判明した。その不撓不屈の生きざまから、「昭和の岩窟王」と呼ばれた。一審の死刑が確定していたらと考えると、とても怖ろしい。

弘前大学教授夫人殺し事件

一九四九年八月、弘前大学教授夫人が弘前市内の自宅で就寝中、鋭利な刃物で頚部を突き刺されて、まもなく、死亡した事件。被告人とされた那須隆さんは、一審で無罪となったが、二審で懲役十五年の判決があり、上告が棄却されて刑が確定した。有罪の決め手とされたのは、那須さんが普段着で着ていた開襟シャツに付着していた血痕の血液型が被害者のそれと同一である確率が九八・五%であるという古畑種基東大教授の鑑定と証言であった。七七年、仙台高裁は那須さんの二度目の再審請求を認め、無罪の判決を出した。新刑訴法下の殺人事件としては最初の再審無罪判決である。判決は、白シャツの血痕は押収当時には付着していなかったとの重大な疑惑を指摘し、犯人を名乗り出たTさんを真犯人と断定した。ところが、仙台高裁は、那須さんの国家賠償請求を退けている。

松川事件

一九四九年八月、福島県信夫郡松川町を通過中だった青森駅発上野行き上り列車が、脱線転覆し、乗務員三名が死亡する事件が起こった。警察は、当時、大量の人員整理（解雇）に反対していた、東芝松川工場労組と国鉄労働組合と日本共産党の謀議による犯行と断定し、労働組合関係者二十名を逮捕し、起訴した。一審の福島地裁では二十人全員が有罪（そのうち死刑が五名）、二審の仙台高裁では十七人が有罪（そのうち死刑が四名）、三名が無罪。裁判が進むにつれて被告人たちの無実が明らかになっていった。小説家の広津和郎氏が無実を主張し、世論を喚起した。五九年八月、最高裁は二審の判決を破棄し、差し戻した。検察が無実の証拠である「諏訪メモ」を隠匿していたが、それが明るみに出て、被告人たちのアリバイが証明された。六一年八月、被告人全員に無罪の判決が出た。六三年九月、最高裁は検察側の再上告を棄却し、無罪が確定した。

二俣事件

一九五〇年、静岡県二俣町（現在は天竜市）で起きた強盗殺人事件。警察は須藤満雄さんを窃盗容疑の別件で逮捕し、代用監獄を悪用し、拷問を加えて自白をさせた。アリバイがあったが、アリバイを偽装したと自白させられ、それが警官の偽証によって「秘密の暴露」に仕立て上げられた。一審も、二審も、死刑判決。最高裁で破棄され、差し戻しとなり、一審では自白の任意性が疑われて無罪となる。二審では、警察での自白には任意性はなく、検察による自白には任意性があると判断されたが、真実性は認められないとして無罪。検察が上告を断念して、無罪が確定した。公判では、当時、二俣署に勤務していた山崎兵六巡査が拷問による取り調べが行われたと証言した。真実を証言した山崎さんは警察と検察から迫害され、偽証罪を悪用され、官職を奪われた。

青梅事件

一九五一年から翌年にかけて、国鉄青梅線で、五つの「列車妨害」事件が起こった。その中で、特に、五二年二月十九日早朝の、小作駅から福生駅までの区間において四両の貨車が流出脱線し、損壊した事件。これは人為的な事故ではなかったが、共産党員二名、社会党員一名を首謀者とする計画的な犯罪だとされ、十名が起訴され、一審、二審では有罪判決を受けた。最高裁で、ようやく差し戻しとなり、控訴審で無罪が確定したが、被告人とされた十名は十五年間、冤罪で苦しむことになった。誤判の原因としては、警察・検察による事件のデッチ上げ、代用監獄を悪用した拷問をしながらの取り調べ、「共犯者」の自白の悪用、偽証罪の濫用などが指摘されている。

菅生《すごう》事件

一九五〇年六月、朝鮮戦争が勃発し、日本では、いわゆる「レッドパージ」が本格化しつつあった。五二年五月には、「血のメーデー事件」。菅生村では、地主と農民組合とが激しく対立しており、米軍の演習に対する反対運動も起こっていた。五二年六月、大分県直入郡菅生村の駐在所がダイナマイトで爆破された。警察は事前に情報を得たとして、現場にあらかじめ百名余りの警察官を張り込ませていた。そして、現場付近にいた日本共産党員二名を逮捕した。現場には、新聞記者も待機しており、写真撮影が行われた。逮捕された二名は、「市木春秋」と名乗るシンパから「カンパをしたい」ということで、駐在所近くの中学校で面会しており、その直後に爆発が起こったとアリバイを主張した。しかし、一審の判決では有罪となった。控訴審の進行中に、報道機関の取材活動により、「市木春秋」と名乗る男が現職の警察官であることと、事件は警察による「おとり捜査」と「デッチあげ」であることが判明した。

徳島ラジオ商殺し事件

一九五三年十一月、徳島県徳島市でおこった強盗殺人事件。早朝、ラジオ商（現在の電器店）の店主が殺害され、一緒の部屋にいた彼の内妻であった冨士茂子さんも負傷させられた。当初、警察は、市内の暴力団員による犯行だとして捜査をしていたが、住み込みの店員の証言から、冨士さんの犯行だとして逮捕した。一審では懲役十三年の有罪判決が出た。冨士さんは控訴をしたが、裁判費用が続かないとして取り下げたため、五八年、刑が確定した。その直後に、店員が検事に強要されて偽証をしたと告白した。冨士さんは、獄中から再審請求をし、六六年に仮出所。七九年、第五次再審請求中に、肝臓ガンで死去。その後、彼女の姉弟によって再審請求がされ、八〇年、再審開始。八五年、徳島地裁は無罪の判決を出した。

八海《やかい》事件

一九五一年一月、山口県熊毛郡麻郷《おごう》村八海で、夫婦が殺害され、金銭が奪われた強盗殺人事件である。この事件は、正木ひろし弁護士の『裁判官』、原田香留夫弁護士の『真昼の暗黒』、今井正監督の映画『真昼の暗黒』で国民に周知のものとなった。近所に住む吉岡晃が逮捕され、その日の内に単独犯行だと自白をした。しかし、警察は数人による共同犯行であるとの予断をもっていたので、彼の自白を信用しなかった。吉岡は自分にたいする量刑を軽くする目的で友人数名の名前をあげた。このため、警察は被疑者四名を逮捕し、代用監獄を利用し、拷問による取り調べを行い、虚偽の自白調書を作成し、吉岡と他に四名の合計五名を起訴した。四名には犯行を証明する物証もなく、被告人の無実を証明するアリバイを証言する者もいた。しかし、警察は、アリバイ証人に対しては執拗な呼び出しと取り調べを行い、また、偽証罪を悪用した。一審、二審では死刑を含む有罪判決がでた。六八年十月、最高裁は吉岡の単独犯行であると認定し、吉岡を除く、被告四名全員の無罪が確定した。

甲山《かぶとやま》事件

一九七四年三月、兵庫県西宮市の知的障がい者施設「甲山学園」において、園生二名が園内の浄化槽より溺死体で発見された事件である。事件発生当初、同施設の保育士であった山田悦子さんが容疑者として逮捕されたが、証拠不十分で不起訴となり、釈放された。被害者の遺族より、検察審査会への不服申し立てがあり、「不起訴不当」となった。これを受け、検察が再捜査をし、七八年に再逮捕。八五年、一審では無罪判決が出たが、これを不服として、検察が控訴。九〇年、大阪高裁は無罪判決を破棄し、地裁へ差し戻した。これに対して、山田さんは最高裁に上告したが、九二年、上告が棄却され、神戸地裁への差し戻しが確定した。九八年、差し戻し第一審は再び無罪の判決が出た。検察はまたしても、控訴。九九年、大阪高裁は無罪判決を支持し、控訴を棄却した。その後、検察は上告を断念し、事件発生から二十五年が経過して、ようやく、無罪が確定した。この事件は、検察が上訴権を濫用した典型例の一つである。

松本サリン事件

一九九四年六月二十七日の夕方から翌日の早朝にかけて、長野県松本市の住宅街において、猛毒のサリンが散布され、七名が死亡し、六六〇名が負傷した事件である。事件発生当初、長野県警は、被害者でもある第一通報者の河野義行さんを重要参考人として、翌日には家宅捜索を行い、薬品類などを押収した。その後も、連日にわたって取り調べを行った。マスコミは、九五年三月二十日の「地下鉄サリン事件」が発生し、オウム真理教団が真犯人であると判明するまでの約九カ月間、予断と偏見をもち、見込み捜査をしていた警察発表を無批判に報道し、河野さんをあたかも真犯人であるかのように印象付ける報道を流し続けた。この事件は、逮捕および起訴がなされていないので、厳密な意味では、「冤罪」とは言えない。しかし、日本の報道機関と警察および検察との癒着ぶり、犯罪報道の怖ろしさを再認識させてくれた事件である。

引用文献

まえがき

後藤昌次郎著『野人弁護士がゆく』太田出版　一九九四年

第一章

上野正彦著『死体は告発する――毒物殺人検証』角川文庫　二〇〇一年

第二章

生田暉雄「日本の刑事裁判の課題」、伊佐千尋『島田事件』新風舎文庫　二〇〇五年に収録。
堀ノ内雅一著『指紋鑑識官』角川文庫　二〇〇四年
伊佐千尋著『島田事件』新風舎文庫　二〇〇五年
鎌田慧著『死刑台からの生還』同時代ライブラリー42　岩波書店　一九九〇年
青地晨著『冤罪の恐怖――無実の叫び』現代教養文庫　社会思想社　一九七五年
小林道雄著『日本の刑事司法――なにが問題なのか』岩波ブックレット255　一九九二年
再審・冤罪事件全国連絡会編『えん罪入門』日本評論社　二〇〇一年
鈴木健夫著『ぼくは痴漢じゃない！――冤罪事件六四三日の記録』新潮文庫　二〇〇四年
小池振一郎、青木和子編著『なぜ、いま代用監獄か――冤罪から裁判員制度まで』岩波ブックレット669　二〇〇六年
佐野洋、西嶋勝彦共著『死刑か無罪か――冤罪を考える』岩波ブックレット33　一九八四年
前田朗著『人権ウォッチング』凱風社　二〇〇〇年

五十嵐二葉著『代用監獄』岩波ブックレット183　一九九一年
竹澤哲夫著『戦後裁判史断章――一弁護士の体験から』光陽出版社　二〇〇六年
沢登佳人著『刑事陪審と近代証拠法』新潟陪審友の会　二〇〇一年
新潟陪審友の会編『市民の手に裁判を』佑学社　一九九八年
上田誠吉、後藤昌次郎共著『誤まった裁判――八つの刑事裁判』岩波新書　一九六〇年
武谷三男編著『狭山事件と科学――法科学ノート』現代教養文庫　社会思想社　一九七七年

第三章

雛元昌弘編『冤罪・狭山事件』現代書館　一九八四年
小田中聰樹著『冤罪はこうして作られる』講談社現代新書　一九九三年
渡部保夫著『刑事裁判を見る眼』岩波現代文庫　二〇〇二年
江川紹子著『名張毒ぶどう酒事件　六人目の犠牲者』新風舎文庫　二〇〇五年

第四章

浅野健一著『新・犯罪報道の犯罪』講談社文庫　一九八九年
鎌田慧編著『人権読本』岩波ジュニア新書　二〇〇一年

第五章

稲木哲郎著『裁判官の論理を問う』朝日文庫　朝日新聞社　一九九二年

第六章

トクヴィル著『アメリカの民主政治』（上下二巻）井伊玄太郎訳　講談社文庫　一九七二年
平野龍一「現行刑事訴訟法の診断」、『団藤重光博士古稀祝賀論文集』第四巻　有斐閣　一九八五年に収録。
篠倉満「国民の司法参加序説」、『熊本法学』六九号、七〇号に収録。

第七章

参考文献

菊田幸一著『死刑廃止を考える』岩波ブックレット166　一九九〇年
団藤重光著『死刑廃止論』有斐閣　一九九一年
免田栄著『死刑囚の手記』イーストプレス　一九九四年
和島岩吉「ある死刑囚」、大阪弁護士会編『一億人の刑法』科学情報社　一九七四年に収録。
『ブッダの真理のことば　感興のことば』中村元訳　岩波文庫　一九七八年
『ブッダのことば――スッタニパータ』中村元訳　岩波文庫　一九八四年
青木英五郎著『陪審裁判』朝日新聞社　一九八一年
青木英五郎著『日本の刑事裁判』岩波新書　一九七九年
『青木英五郎著作集』全三巻　田畑書店　一九八六年
青地晨著『魔の時間――六つの冤罪事件』現代教養文庫　社会思想社　一九八〇年
秋山賢三著『裁判官はなぜ誤るのか』岩波新書　二〇〇二年
足立東著『状況証拠』朝日新聞社　一九九〇年
安斎卯平「波崎事件の周辺」、『波崎事件再審運動ニュース』第十号　一九九三年五月に収録。
五十嵐二葉著『犯罪報道』岩波ブックレット192　一九九一年
生田暉雄著『裁判が日本を変える！』日本評論社　二〇〇七年
伊佐千尋「シンプソン事件と陪審制度」、『立正法学論集』第三十一巻第一号、第二号　一九九七年に収録。
伊佐千尋著『司法の犯罪』文藝春秋　一九八三年

伊佐千尋著『法廷』文藝春秋　一九八六年
伊佐千尋著『目撃証人』文藝春秋　一九九〇年
伊佐千尋著『舵のない船——布川事件の不正義』文藝春秋　一九九三年
伊佐千尋著『裁判員制度は刑事裁判を変えるか——陪審制度を求める理由』現代人文社　二〇〇六年
伊佐千尋、渡部保夫共著『病める裁判』文藝春秋　一九八九年
伊藤和子著『誤判を生まない裁判員制度への課題』現代人文社　二〇〇六年
ウィリアム・ラフヘッド編『実録裁判　目撃者（下）オスカー・スレイター事件』大久保博訳　旺文社文庫　一九八一年
海沢利彦著『陪審制・市民が裁く——冤罪構造の克服』社会評論社　一九八九年
大塚公子著『57人の死刑囚』角川文庫　一九九八年
木下信男著『裁判官の犯罪「冤罪」』樹花舎　二〇〇一年
倉田哲治著『倉田弁護士事件簿』コスモヒルズ　一九九七年
小池振一郎、海渡雄一共著『刑事司法改革　ヨーロッパと日本』岩波ブックレット269　一九九二年
後藤昌次郎著『真実は神様にしかわからない、か』毎日新聞社　一九八九年
後藤昌次郎著『冤罪』岩波新書　一九七九年
後藤昌次郎編著『陪審制を考える』岩波ブックレット190　一九九一年
最高裁判所『裁判員制度ブックレット——はじまる！　私たちが参加する裁判』最高裁判所　二〇〇五年一〇月発行
佐伯千仭「陪審裁判の復活のために」、『龍谷法学』第二十四巻第一号　一九九一年に収録。
四宮啓著『O・J・シンプソンはなぜ無罪となったか』現代人文社　一九九七年
下村幸雄著『刑事裁判を問う』勁草書房　一九八九年

自由人権協会編『国際人権規約と日本の人権（JCLUカウンターレポート九三年）』明石書店　一九九三年
ショーン・エンライト、ジェームス・モートン共著『陪審裁判の将来——九〇年代のイギリスの刑事陪審』庭山英雄、豊川正明共訳　成文堂　一九九一年
自由人権協会『陪審裁判の実現に向けて——新陪審法案（第一次案）とその解説』自由人権協会　一九八九年
高木八尺、末延三次、宮沢俊義訳『人権宣言集』岩波文庫　一九五七年
田宮裕著『日本の裁判』弘文堂　一九八九年
東京三弁護士会、陪審制度委員会編著『ニューヨーク陪審裁判』日本加除出版　一九九三年
中原精一著『陪審制復活の条件——憲法と日本文化論の視点から』現代人文社　二〇〇〇年
西野喜一著『裁判員制度の正体』講談社現代新書　二〇〇七年
新潟陪審友の会『陪審裁判——試案、解説、資料』新潟陪審友の会　一九九〇年
庭山英雄他編『誤判の防止と救済』現代人文社　一九九八年
庭山英雄他著『日本の刑事裁判——二一世紀への展望』現代人文社　一九九八年
陪審裁判を考える会『陪審法試案（第一稿）』陪審裁判を考える会　一九九〇年
パトリック・デブリン著『イギリスの陪審裁判——回想のアダムズ医師事件』内田一郎訳　早稲田大学出版局　一九九〇年
浜田寿美男著『〈うそ〉を見抜く心理学』NHKブックス　日本放送出版協会　二〇〇二年
浜田寿美男著『自白の心理学』岩波新書　二〇〇一年
ベッカリーア著『犯罪と刑罰』風早八十二、風早二葉訳　岩波文庫　一九三六年
前田朗監修『劇画　代用監獄』三一書房　一九九三年
丸田隆著『アメリカ陪審制度研究——ジュリー・ナリフィケーションを中心に』法律文化社　一九八八年
丸田隆著『陪審裁判を考える——法廷にみる日米文化比較』中公新書　一九九〇年

丸田隆著『裁判員制度』平凡社新書　二〇〇四年
宮本三郎著『陪審裁判――市民の正義を法廷に』イクォリティ　一九八七年
無実の「死刑囚」連絡会議編『無実を叫ぶ死刑囚たち』三一書房　一九七九年
メルビン・B・ザーマン著『陪審裁判への招待――アメリカ裁判事情』篠倉満、横山詩子共訳　日本評論社　一九九〇年
免田栄著『獄中記』社会思想社　一九八四年
毛利甚八原作、幡地英明作画『裁判員になりました――疑惑と真実の間で』日本弁護士連合会　二〇〇七年
毛利甚八原作、幡地英明作画『裁判員になりました――量刑のゆくえ』日本弁護士連合会　二〇〇七年
ローク・M・リード、井上正仁、山室恵共著『アメリカの刑事手続』有斐閣　一九八七年
渡部保夫他著『テキストブック現代司法（第二版）』日本評論社　一九九四年
渡部保夫著『刑事裁判ものがたり』潮出版社　一九八七年
渡部保夫著『無罪の発見――証拠の分析と判断』勁草書房　一九九二年

あとがき

「刑事裁判の目的は無実の発見である。」（下村幸雄著『刑事裁判を問う』）

「波崎事件」に関する裁判の資料は、すべて、「波崎事件対策連絡会議」代表の篠原道夫氏より入手することができました。また、同連絡会議のメンバーである内藤武さんや木下耕一路さん（柘植書房新社）やたじまよしおさんにも、さまざまな資料と共に、いくつかの証拠の解釈については有益なご教示をいただきました。「波崎事件の再審を考える会」のホームページからは、さまざまな資料を入手させていただきました。木下信男さん（『裁判官の犯罪「冤罪」』樹花舎）、足立東さん（『状況証拠』朝日新聞社）、安斎卯平さんの文章は、とても参考になりました。また、同会の代表である大仏照子さんにも、お世話になりました。また、現地調査におきましては、篠原さんをはじめとする「波崎事件対策連絡会議」のメンバーと、「波崎事件の再審を考える会」のメンバーのお世話になりました。

法律の専門家ではない私にとって、日本国憲法をはじめとする法律に関することがらについては、「陪審裁判を考える会」の恩恵は小さくありません。この会に入会して、二十年余りになります。会の代表である伊佐千尋さん（作家）、後藤昌次郎さん（弁護士）をはじめとして、佐伯千仭先生（立命館大学名誉教授）、渡部保夫さん（弁護士、元北海道大学教授）、庭山英雄さん（弁護士、元香川大学教授）、篠倉満さん（弁護士、元熊本大学教授）、大塚喜一さん（弁護士）、大野平吉さん（元専修大学教授）、中原精一さん（元明治大学教授）、五十嵐二葉さん（弁護士）、鯰越溢弘さん（新潟大学教授）、四宮啓さん（弁護士、早稲田大学法科大学院教授）、前田朗さん（東京造形大学教授）、黒澤香さん（東洋大学教授）、福来寛さん（カルフォルニア大学教授）、新倉修さん（青山学院大学大学院法務研究科教授）たちから数え切れないほどのご教示をいただいてきています。特に、沢登佳人先生（新潟大学名誉教授）からは陪審制をはじめとして、刑事訴訟法などについても、数多くのご教示をいただいています。それから、亡くなられてしまいましたが、私が卒業いたしました龍谷大学の法学部教授であった繁田実造先生にもご教示をいただきました。

私が「波崎事件対策連絡会議」代表の篠原さんと知り合い、「波崎事件」に深く関わるようになり、このような本を書き上げることができたのは、「陪審裁判を考える会」を通して、知り合うことができた人々の恩恵があればこそであると思っています。もし、この本の記述のなかに、日本国憲法や刑事訴訟法その他法律等に関して誤解や説明不足などがある場合は、あくまでも、根本個人の責任です。読者のご叱正をお願いいいたします。

間もなく、布川《ふかわ》事件の再審が行われます。きっと無罪の判決が出るだろうと私は期待しています。また、帝銀事件、狭山事件、袴田《はかまだ》事件、波崎事件なども、近いうちに、再審が開始されるだろうと予想されます。（名張《なばり》毒ぶどう酒事件に関しては、まったく、理不尽な結果になってしまいました。）「今度こそは、無罪の判決を」と、誰もが期待しています。しかし、日本の現状を考えますと、冤罪を生み出している構造とそのメカニズムが抜本的に改善されない限りは、それはまず期待することはできません。とても残念なことですが、「裁判員裁判」の実施が近づいているにもかかわらず、それが日本の司法の現状なのです。

陪審制の実現と死刑制度の廃止が、日本において、一日も早く実現されることを祈念して、ここにペンを擱くことにいたします。

二〇〇七年四月二十六日

根本行雄

追記

この本は、『司法による殺人』という題名で、二〇〇六年十一月に書き上げ、先輩諸兄姉に読んでいただき、書き直しを終えたのが〇七年四月でした。それから、いろいろと出版社を探していましたが、景気も、出版状況もきびしく、なかなか見つけることができないでいました。そういう時期に、影書房の松本昌次さんに出会うことができました。「この原稿は出版する意義があります。ぜひ、出版しましょう」という、電話から聞こえてきた松本さんの声は力強いものでありましたが、何度も、何十度も、断られ続けてきた者からすると、素直に喜ぶことのできないものでありました。こみ上げてくる喜びは、ぐっと下腹に力を入れるようにして押さえ込む必要のあるものでした。

しかし、松本さんと担当編集者の松浦弘幸さんとに会い、出版することの確約を得ました。そして、JR水道橋駅の改札にて、別れ際には、松本さんと堅い握手をしました。この不思議な縁は、根本からすれば、埴谷雄高さんや井上光晴さんを通しての知遇である、細い一本の赤い糸でありました。本を書くという営み、出版するという営み、そして本を通して読者と結びつくということは、やはり、「百年の知己」「千年の知己」を得る営みであると、再確認しました。

『司法による殺人』の完成後も、この本の内容にかかわる、いろいろな事件が起こっています。できるだけ、本文を加筆し修正いたしましたが、それが難しい点については、ここに「追記」という形でまとめることにしました。

『司法殺人』と書名を変えたのは、篠倉満先生のアドバイスによるものです。第一章と第六章は、大幅に加筆、修正を施しました。それは編集者の松浦さんのアドバイスによるものです。書名の変更、原稿の加筆、修正は、もちろん、根本の責任です。読者には、よろしくご叱正をお願いいたします。
○五年四月、ようやく、「名張《なばり》毒ぶどう酒事件」の再審開始の決定がされました。死刑の確定から三十三年、誰もが、今度こそは、無罪の判決が出ると期待を膨らませていました。しかし、○六年十二月、名古屋高裁は検察の異議申し立てを認め、再審の開始を取り消しました。この決定は、再審の開始にあたっては、「無罪の証明をしなければならない」という不当な要求を弁護団に突きつけているに等しいものであり、「白鳥《しらとり》決定」以前に、時代を逆行させてしまったものだと言えます。「疑わしきは被告人の利益に」という刑事裁判の鉄則を無視する不当きわまりない決定であると思います。現在は、最高裁に再審開始の特別抗告が行われています。
○七年三月、袴田《はかまだ》事件の第一審の合議に参加された裁判官、熊本典道さんが「心ならずも信念に反する判決を出した」ということを記者会見において明らかにされました。熊本さんは、七十歳になるのを機に、明らかにすることを決心されたということです。裁判所法に定められている「守秘義務違反」となる可能性についても、「承知している」と答えられたということです。この熊本さんの行動によって、袴田事件は再審、そして無罪判決というストーリーが確実なものとなりました。しかし、残念ながら、〇八年三月二十五日、最高裁により特別抗告を棄却するという決定がなされました。これを受けて、第二次再審請求の準備が進められています。

佐伯千仭先生（立命館大学名誉教授）が〇六年九月一日に亡くなれました。先生は、陪審制度を復活しようという運動の先頭を歩いておられました。

渡部保夫先生（弁護士、元北海道大学教授）が〇七年四月十二日に亡くなられました。根本が波崎事件の資料をお届けしたところ、とても懇切なアドバイスをいただきました。

富山県氷見《ひみ》市で起きた強姦、同未遂事件において、タクシー運転手だった柳原浩さんは懲役三年の実刑判決を受け、約二年一カ月服役されました。仮出所後の〇六年八月、鳥取県警が強制わいせつ事件で逮捕した男性が氷見市の二件の事件を自供しました。柳原さんのアリバイを無視し、現場の足跡や凶器という物証についての検証が不十分であったとして、〇七年十月、再審判決で無罪が確定しました。この事件でも、取り調べに当っては代用監獄が悪用されました。

福岡県北九州市の引野口《ひきのぐち》事件（殺人、放火事件）の被告であった片岸みつ子さんに、〇八年三月、無罪の判決。検察が控訴を断念し、無罪が確定しました。この事件でも、代用監獄の悪用があり、同房にスパイを入れるという偽計が行われました。

国連総会は、六八年の「死刑廃止条約」の議決以来、死刑そのものの廃止が望ましいことであると表明し続けています。国連の報告によれば、〇八年七月一日現在、死刑を廃止もしくは事実上廃止している国と地域は一四一に上っています。国際人権団体「アムネスティ・インターナショナル」によれば、死刑を執行している国は、八九年は百カ国でしたが、〇七年には二四カ国へと減少しています。すでに、国際的な世論は死刑廃止となっています。しかし、日本は、残念なことですが、死刑廃止条約を批准していません。そして、鳩山邦夫法相が昨年就任して以来、〇八年六月現在、その執行数は十三となっています。これは異常な数字です。

戦後の一時期、七七年頃より、死刑の執行数が一桁となり、九〇年では執行数がゼロ。死刑の執行が停止していた時期がありました。このことから、これでようやく、日本も死刑廃止条約を批准することができるのではないかと期待された時期がありました。今では、それは遠い記憶になろうとしています。

つい先日、〇八年六月八日、東京の秋葉原で十七人が殺傷されるという事件が起きました。この事件を起した加藤智大容疑者は、歩行者天国でにぎわっていた交差点にトラックで突っ込み、五人をはね飛ばした後、ダガーナイフで交差点付近の通行人を次々と殺傷していきました。この凶行と鳩山法相の大量の死刑執行とは、人命を軽視している点において、自閉的で独善的な点において、その行為の野蛮な点において、その行為の社会的な影響について無知である点において、同じ一枚のコインの裏表ではないかと思わずにはいられません。

七五年の「白鳥決定」以降、八〇年代までに、日本弁護士連合会（日弁連）が支援した再審事件の無罪確定は十件以上に上り、一時は「再審の門」が広く開かれたと思われました。しかし、九〇年代以降は、再審で無罪になったのは一件のみ。その後は、「名張毒ぶどう酒事件」のように、一度は再審開始の決定が出たにもかかわらず、検察の即時抗告や異議申し立てなどで覆ってしまうことがほとんどでした。「布川《ふかわ》事件」の再審請求に、東京高裁がどのような判断を下すのか、冤罪事件にかかわっている人々、関心を持っている人々は、重苦しい気持で待っていました。門野博裁判長は、「名張毒ぶどう酒事件」の再審開始決定を取り消した裁判官だったからです。

〇八年七月十四日、東京高裁は、「布川事件」の再審決定を支持し、検察側の即時抗告を棄却しました。門野裁判長は「自白の信用性に重大な疑問があり、有罪とした確定判決に合理的な疑いが生じている」と判断を示しました。この決定を契機にして、ふたたび、「再審の門」が大きく開いていくのかどうかは予断を許しません。しかし、まずは、冤罪事件の一つに「再審の門」が開かれたことを喜びたいと思います。

鎌田慧著『死刑台からの生還』の巻末に、解説として佐野洋（小説家）さんの文章が載っています。佐野さんは、財田川《さいたがわ》事件では、「最大の功労者は、裁判長の職を辞して弁護人になった矢野〔伊吉〕氏である」（三五六頁）と指摘し、死刑囚であった谷口さんは「ついていた」と述べています。

「そして、ついていたと言えば、松山事件の斉藤さんにも、それが言える。斉藤さんのお母さんは、あくまでも息子の無実を信じて、駅頭の署名活動を続け、それによって事件を知った松川事件対策本部の人たちが、救援に乗り出し、一大弁護団が組織された結果、再審にこぎつけたのである。免田事件の免田さんにしても、たまたま獄中で思想犯の人から、再審請求のことを聞いたのが、死刑台からの帰還の第一歩であった。

免田さん、谷口さん、斉藤さんと死刑囚の帰還が続いたため、白鳥決定後、再審の門が開かれたような印象を受けるが、これらの人は、今述べたように一種の幸運があったのであり、それなしでは『再審の門』を崩すことは依然として難しいのではないか。」（三五七頁）

九〇年代以降ずっと、「再審の門」は、ほとんど閉ざされています。私はこの文章を読んで、その事情がわかったように思いました。

日本国憲法の三大原則の一つは、一般的には「基本的人権の保障」ではなく、「尊重」とされています。「公共の福祉に反しない限り」（憲法十三条）という条件付きだからなのだろうと思います。この「公共の福祉」を過大に重視し、つねに最優先することになれば、当然のことながら、「基本的人権」は大きな制約を受けることになります。日本という国は、国民主権の民主主義国であるとしながら、国民の基本的人権を保障することよりも、治安の維持を優先している国なのだということを痛感させられます。

「波崎事件　冨山常喜さん一周忌・死後再審開始の集い」が行われたのは、二〇〇四年十二月五日ですから、もう、三年半になります。波崎事件対策連絡会議はほぼ毎月一回、行われています。また、弁護団会議も、それと並行して行われています。波崎事件は、自白がなく、物証もなく、目撃証人もいないにもかかわらず、有罪となり、死刑の判決を受けたという点で、日本の再審事件の中でも、とても珍しいものです。ですから、冨山さんの無罪を証明する証拠や証人は当初から少なく、しかも、事件発生から四十五年が経過し、証人の多くは高齢化し、亡くなっている方も少なくありません。「白鳥決定」と「財田川決定」とによって「再審」の条件が大幅に緩和されましたが、依然として、「再審の門」は狭いものです。無罪をかち取るための準備は容易ではありません。しかし、年内か、遅くとも来年には、「再審」を開始できるようにしようと弁護団も支援者も努力をしているところです。

（二〇〇八年八月十九日　著者）

根本行雄（ねもと・ゆきお）

1953年、千葉県銚子市に生まれる。

1976年、龍谷大学文学部哲学科哲学専攻卒業。

1979年、「松岸学習塾」を開設し、近隣に住む小学生に算数と作文、中学生に英語と数学と作文などを教えながら、哲学および文学（創作行為論）の研究と市民運動をしている。

現在「人生哲学研究会」代表。「日本科学哲学会」会員。「科学読物研究会」会員。「日本数学協会」会員。「波崎事件対策連絡会議」会員。「陪審裁判を考える会」会員。成田「実験村」村民。

著書：『科学の本っておもしろい』第３集・第４集（連合出版）、『新・科学の本っておもしろい』（連合出版）に執筆。

ホームページ「地球展望台」：http://homepage3.nifty.com/AIYKO19/

メールアドレス：VYA12454@nifty.com

＊

「波崎事件対策連絡会議」
代表 篠原道夫　〒203-0044 東京都東久留米市柳窪 1-10-37

「波崎事件の再審を考える会」のホームページ：
http://www.asahi-net.or.jp/~VT7N-YND/

司法殺人《しほうさつじん》
――「波崎事件《はさきじけん》」と冤罪《えんざい》を生《う》む構造《こうぞう》

二〇〇九年二月六日　初版第一刷

著　者　根本《ねもと》　行雄《ゆきお》
発行所　株式会社　影書房
発行者　松本昌次
〒114-0015　東京都北区中里三―四―五
ヒルサイドハウス一〇一号
電　話　〇三―五九〇七―六七五五
ＦＡＸ　〇三―五九〇七―六七五六
E-mail：kageshobou@md.neweb.ne.jp
http://www.kageshobo.co.jp/
〒振替　〇〇一七〇―四―八五〇七八
本文印刷＝スキルプリネット
装本印刷＝ミサトメディアミックス
製本＝協栄製本

落丁・乱丁本はおとりかえします。
定価　二、〇〇〇円＋税

ISBN978-4-87714-388-6　C0032